O NEGRO NO BRASIL DE HOJE

O NEGRO NO BRASIL DE HOJE

*Kabengele Munanga e
Nilma Lino Gomes*

global
editora

© Kabengele Munanga e Nilma Lino Gomes, 2004
1ª Edição, Global Editora, São Paulo 2006
2ª Edição, Global Editora, São Paulo 2016
1ª Reimpressão, 2020

Jefferson L. Alves – diretor editorial
Flávio Samuel – gerente de produção
Ana Cristina Teixeira e Cláudia Eliana Aguena – revisão
Mauricio Negro e Eduardo Okuno – projeto gráfico
Victor Burton – capa
Cia. Editorial – diagramação

Obra atualizada conforme o
NOVO ACORDO ORTOGRÁFICO DA LÍNGUA PORTUGUESA.

CIP-BRASIL. CATALOGAÇÃO NA PUBLICAÇÃO
SINDICATO NACIONAL DOS EDITORES DE LIVROS, RJ

M928n
2. ed.

Munanga, Kabengele
   O negro no Brasil de hoje / Kabengele Munanga, Nilma Lino Gomes. – 2. ed. – São Paulo: Global, 2016. (Para entender)

   ISBN 978-85-260-2272-0

   1. Racismo – Brasil – História. 2. Brasil - Relações raciais – História. I. Gomes, Nilma Lino. II. Título.

16-31666   CDD: 305.80981
                                               CDU: 323.14(81)

Direitos Reservados

global editora e distribuidora ltda.
Rua Pirapitingui, 111 — Liberdade
CEP 01508-020 — São Paulo — SP
Tel.: (11) 3277-7999
e-mail: global@globaleditora.com.br

 globaleditora.com.br   /globaleditora
 blog.globaleditora.com.br   /globaleditora
 /globaleditora   /globaleditora
 /globaleditora

Colabore com a produção científica e cultural.
 Proibida a reprodução total ou parcial desta obra sem a autorização do editor.

Nº de Catálogo: **2805**

O NEGRO NO BRASIL DE HOJE

Sumário >

CAPÍTULO 1 • O BRASIL, O QUE É AFINAL?.. 11
Brasil: país do encontro de culturas e civilizações............ 11
Africanos no Brasil: origem e contribuições...................... 18
Tráfico e escravidão na África 24

CAPÍTULO 2 • ÁFRICA: BERÇO DE DIVERSAS CIVILIZAÇÕES 31
Antigas civilizações 34
Estados da África Negra entre os séculos X e XVI........... 42
Alguns Estados da África Central e Austral 57

CAPÍTULO 3 • A RESISTÊNCIA NEGRA NO REGIME ESCRAVISTA 67
Quilombos 70
O quilombo de Palmares 75
A Revolta dos Malês 90
A resistência negra: movimentos em diferentes regiões ... 98

CAPÍTULO 4 • A RESISTÊNCIA NEGRA: DAS REVOLTAS AO MOVIMENTO
NEGRO CONTEMPORÂNEO. 107
A Revolta da Chibata 108
A Frente Negra Brasileira 116
O negro e a redemocratização: o Teatro
Experimental do Negro (TEN).. 121
A resistência negra na ditadura.. 128
O movimento de mulheres negras 133

CAPÍTULO 5 • A PRODUÇÃO CULTURAL E ARTÍSTICA DOS NEGROS NO BRASIL.... 139
Religiosidade negra: resistência político-cultural............. 139
O corpo como expressão de luta, arte
e resistência: a capoeira 152
Estilos musicais da juventude negra: o *rap* e o *funk* 162

CAPÍTULO 6 • RACISMO, DISCRIMINAÇÃO RACIAL E AÇÕES AFIRMATIVAS: A SOCIEDADE ATUAL.. 171

Raça.. 173

Etnia... 176

Racismo... 178

Etnocentrismo 181

Preconceito racial 181

Discriminação racial 183

Ações afirmativas: definição e legislação em vigor 184

CAPÍTULO 7 • HOMENS E MULHERES NEGROS: NOTAS DE VIDA E DE SUCESSO ... 199

Abdias do Nascimento 199

Adhemar Ferreira da Silva................................. 200

Alzira Rufino... 200

André Rebouças.. 201

Benedita da Silva.. 201

Carolina de Jesus 202

Cartola... 202

Castro Alves 203

Chica da Silva... 203

Clementina de Jesus 204

Domingas Maria do Nascimento......................... 204

Dom Silvério Gomes Pimenta 204

Elisa Lucinda 204

Emanoel Araújo 205

Fátima de Oliveira 206

Francisca... 206

Geni Guimarães.. 206

Gilberto Gil... 207

Grande Otelo.. 207

João Cruz e Sousa 208

Joel Rufino dos Santos...................................... 208

Jorge dos Anjos.. 209

José do Patrocínio 209

Léa Garcia 210

Lélia Gonzáles 211

Lima Barreto 212

Luís Gama 212

Luísa Mahim 213

Machado de Assis 213

Mãe Stella 214

Manuel Querino 214

Mestre Didi 214

Milton Gonçalves 215

Milton Santos 216

Paulo Paim 216

Pixinguinha 217

Raquel Trindade 219

Ruth de Souza 220

Teodoro Sampaio 220

Toni Tornado 221

Zezé Mota 222

REFERÊNCIAS BIBLIOGRÁFICAS 223

Mosaico de fotografias (*Índio*, por Luciene Monteiro Oliveira, fotografias diversas por Nivaldo Honório da Silva)

1• O Brasil, o que é afinal?

Brasil: país do encontro de culturas e civilizações

Quem somos? De onde viemos? Para onde vamos?

Essas são perguntas que as pessoas fazem para conhecer a si e reconhecer aos outros, para definir-se e para identificar-se. Também servem para criar o sentimento de pertencimento a um ou vários grupos, para conhecer a realidade presente, passada e projetar-se para o futuro.

Saber quem somos equivale a outras questões, por exemplo: O que é o Brasil? O que nos torna brasileiros e brasileiras? Para respondê-las há vários caminhos e diversas respostas.

Uma das respostas para a primeira questão poderia ser esta: o Brasil é o maior país da América do Sul, sendo uma das maiores potências econômicas deste continente, com uma superfície de 8.511.996 km² e uma população de 169.799.170 habitantes. Outra é a de que se trata de um país com uma economia diversificada; um grande exportador de produtos agropecuários, como o café, açúcar, cacau, tabaco, entre outros produtos. Também podemos caracterizar o Brasil como um país de grandes contrastes sociais e desigualdades, por causa da má distribuição de renda. Isto quer dizer que há disparidades no meio rural, com grandes concentrações de terra nas mãos de uns poucos, extensas áreas de alta produtividade, lado a lado, a pequenas propriedades, com agricultura familiar de subsistência. No meio urbano, não é diferente, nas grandes metrópoles encontramos vastos bolsões de pobreza e a concentração de riquezas em uma pequena parcela da população.

Ainda podemos definir o Brasil por suas características socioculturais, como um país com grande diversidade cultural em termos religiosos, artísticos, musicais, culinários, entre tantos outros aspectos.

Mas todas essas respostas por definição são incompletas. Não parecem dar conta de uma realidade tão complexa como a nossa, porque cada uma delas considera apenas alguns aspectos dessa realidade. Aprender e conhecer sobre o Brasil e sobre o povo brasileiro é aprender a conhecer a história e a cultura de vários povos que aqui se encontraram e contribuíram com suas bagagens e memórias na construção deste país e na produção da identidade brasileira.

Essa história, na versão de alguns, teve início com os aventureiros e navegadores portugueses que chegaram a uma terra da qual se consideraram descobridores. Embora essa terra já estivesse ocupada e tivesse seus donos, os portugueses anunciaram o seu descobrimento e dela tomaram posse, estendendo para além da Europa seus domínios.

Uma terra tão extensa poderia trazer-lhes grandes riquezas em termos de matérias-primas: minérios diversos, essências vegetais raras, fauna e flora desconhecidas etc. Mandaram cartas ao Rei de Portugal, relatando tudo que encontraram e viram: a natureza local, a terra, a gente que acharam muito diferente. Segundo alguns deles, essa gente, a quem deram o nome coletivo de índios, era atrasada, andava nua, era canibal, praticava sacrifícios humanos, não tinha religião, adorava os espíritos da natureza. Chegaram até a colocar em dúvida a natureza humana dos chamados índios.

Pero Vaz de Caminha era o escrivão da frota de Pedro Álvares Cabral (comandante da expedição portuguesa para o Brasil) e escreveu o primeiro relato sobre as terras brasileiras. A seguir destacamos alguns trechos deste relato.

Carta de Pero Vaz de Caminha, 1/5/1500

Senhor,

Posto que o Capitão-mor desta vossa frota, e assim os outros capitães, escrevam a Vossa Alteza a nova do achamento desta vossa terra nova, que nesta navegação agora se achou, não deixarei também de dar minha conta disso a Vossa Alteza, o melhor que eu puder, ainda que, para o bem contar e falar, o saiba fazer pior que todos.

(...) Eram pardos, todos nus, sem coisa alguma que lhes cobrisse suas vergonhas. Nas mãos traziam arcos com suas setas. Vinham todos rijamente sobre o batel; e Nicolau Coelho lhes fez sinal que pousassem os arcos. E eles os depuseram.

Ali não pôde deles haver fala, nem entendimento de proveito, por o mar quebrar na costa. Deu-lhe somente um barrete vermelho e uma carapuá de linho que levava na cabeça e um sombreiro preto. Um deles deu-lhe um sombreiro de penas de ave, compridas, com uma copazinha pequena de penas vermelhas e pardas como de papagaio; e outro deu-lhe um ramal grande de continhas brancas, miúdas, que querem parecer de aljaveira, as quais peças creio que o capitão manda a Vossa Alteza, e com isto se volveu às naus por ser tarde e não poder haver deles mais fala, por causa do mar.

(...) Todos andam rapados até cima das orelhas; e assim as sobrancelhas e pestanas. Trazem todos as testas, de fonte a fonte, tintas de tintura preta, que parece uma fita preta, da largura de dois dedos.

E o capitão mandou àquele degredado Afonso Ribeiro e a outros dois degredados, que fossem lá andar entre eles; e assim a Diogo Dias, por ser homem ledo, com que eles fogavam. Aos degredados mandou que ficassem lá esta noite.

Foram-se lá todos, e andaram entre eles. E, segundo eles diziam, foram bem uma légua e meia a uma povoação, em que haveria nove ou dez casas, as quais eram tão compridas, cada uma, como esta nau capitanis. Eram de madeira, e das ilhargas de tábuas, e cobertas de palha, de razoada altura; todas duma só peça, sem nenhum repartimento, tinham dentro muitos esteios; e, de esteio a esteio, uma rede atada pelos cabos, alta, em que dormiam. Debaixo para se aquentarem, faziam seus fogos. E tinha cada casa duas portas pequenas, uma num cabo, e outra no outro.

Diziam que em cada casa se recolhiam trinta ou quarenta pessoas, e que assim os achavam; e que lhes davam de comer daquela vianda, que eles tinham, a saber, muito inhame e outras sementes, que na terra há e eles comem. Mas, quando se fez tarde, fizeram-nos logo tornar a todos e não quiseram que lá ficasse nenhum. Ainda, segundo diziam, queriam vir com eles.

(...) Parece-me gente de tal inocência que, se homem os entendesse e eles a nós, seriam logo cristãos, porque eles, segundo parece, não têm, nem entendem em nenhuma crença. (...) Portanto Vossa Alteza, que tanto deseja acrescentar a santa fé católica, deve cuidar de sua salvação. E prazerá a Deus que com pouco trabalho seja assim.

(Disponível em: <*http://www.nethistoria.com*>. Acesso em: 12 ago. 2004.)

Saber se esses recém-descobertos, os índios, eram bestas (animais, sem racionalidade e alma) ou seres humanos como os europeus, tornou-se grande motivo de especulações religiosas e científicas entre os séculos XV e XVII. O centro dessas especulações foi a península ibérica, em Portugal e Espanha. Havia só um caminho para provar que os índios eram seres humanos: provar que eles também eram filhos de Deus, ou seja, descendentes de Adão.

Os estudiosos dessa época, grandes teólogos, vasculharam as bíblias e escrituras sagradas em busca dos argumentos a partir dos quais o Papa Paulo III proclamou na bula Sublimis Deus que os índios também eram descendentes de Adão e, consequentemente, filhos de Deus, ou seja, seres humanos.

Mesmo tendo reconhecido a natureza humana dos índios, outro problema se colocava: eram humanos, mas diferentes dos europeus. Diferentes porque andavam nus; não cultuavam o mesmo Deus cristão; comiam e bebiam coisas inusitadas; tinham outras formas de organizações sociais e políticas; não tinham escrita; usavam técnicas variadas para explorar a natureza, consideradas pelos portugueses como muito rudimentares, entre outros aspectos. Somadas todas essas diferenças, eles foram considerados como inferiores com relação aos europeus.

Além dessas diferenças que podemos resumir como diferenças culturais, pois vestimentas, religião, culinária, dança, música, ciência, tecnologia constituem-se como componentes da cultura, havia uma outra diferença importante inscrita no corpo. A cor da pele e os traços morfológicos (nariz, lábios, formato da cabeça, queixo, textura do cabelo etc.) diferenciavam fisicamente índios e portugueses. Todas essas diferenças, físicas e culturais, constituíram, na visão dos "descobridores portugueses", as características fundamentais dos recém-descobertos, coletivamente denominados índios.

No início, os portugueses, sabendo que era impossível mudar as características físicas desses seres considerados inferiores, apostaram em provocar mudanças em suas culturas, começando por sua conversão ao cristianismo. Gradativamente, submeteram essa gente a um intenso

Portugueses e índios brasileiros no descobrimento do Brasil (Descobrimento do Brasil, Oscar Pereira da Silva).

processo de aculturação que os integraria na visão de mundo ocidental; o que faria deles índios de "alma branca". Assim, ensinaram sua língua aos índios, prescreveram como deveriam se comportar, o que deveriam temer, em quem deveriam acreditar e as leis que deveriam respeitar. Esse conjunto de procedimentos constituiu a chamada Missão Civilizadora. Missão de responsabilidade dos homens brancos em relação aos povos por eles descobertos, qualificados como selvagens ou primitivos.

Por trás desse belo discurso e dessas boas intenções, a Missão Civilizadora tinha como verdadeira intenção a dominação. O ato aparentemente generoso e humanitário, de ajudar ao "outro", de promover o desenvolvimento por meio da aquisição da ciência e tecnologia, da integração na boa religião, escondia os verdadeiros motivos: a dominação política do outro pela invasão do seu território, a exploração econômica de suas riquezas naturais e a sujeição cultural que pretendia substituir as culturas, religião e visão de mundo dos povos indígenas por outras consideradas melhores e superiores.

A dominação política foi realizada pela ocupação do território pelos estrangeiros portugueses. Faziam incursões em terras indígenas, instalando capitanias (pequenas províncias) e outras formas de ocupação comuns na época às regiões invadidas. Os bandeirantes, considerados como heróis civilizadores, foram responsáveis pela invasão de terras e pelas atrocidades feitas aos povos indígenas. A presença da soberania estrangeira devia assegurar a exploração econômica. Terras abundantes, essências naturais, matérias-primas vegetais e minerais estavam todas prontas para serem exploradas para produzir riquezas. Mas faltava uma condição fundamental que Portugal não era capaz de fornecer: a força de trabalho, a mão de obra gratuita. Na época, Portugal não era um país muito povoado para fornecer a quantidade de pessoas necessária para essa exploração. Além disso, seus habitantes não trocariam suas raízes pela aventura numa terra tão longínqua e desconhecida sobre a qual viajantes contavam tantas histórias monstruosas.

Repetindo uma história bem conhecida entre "nós", a necessidade de mão de obra para explorar as terras dos índios obrigara os invasores portugueses a buscá-la nas terras recém-descobertas, junto às populações locais. Teria sido possível conseguir essa mão de obra pelo estabelecimento de um contrato de trabalho livre, mediante uma remuneração, como já era prática na própria Europa? Essa forma de relação de trabalho, no século XV, ainda estava engatinhando entre os europeus.

Para conseguir a mão de obra necessária, os colonizadores recorreram a um procedimento chamado escravidão, destituindo populações indígenas de todos os seus direitos sobre a terra de seus ancestrais e de seus direitos humanos, transformando-os em força animal de trabalho. Sendo escravizados, os índios eram obrigados a trabalhar gratuitamente sem remuneração. Encontrando-se em seus territórios que melhor conheciam e dominavam, eles tentaram resistir à escravidão, buscando esconderijos nas áreas das matas virgens de difícil acesso aos invasores. Foram encurralados e caçados por invasores armados com fuzil à pólvora e com cães treinados. As doenças venéreas, gripes e outras endemias trazidas pelos europeus contribuíram também para piorar o quadro demográfico das populações que à chegada dos primeiros portugueses, no século XV, contavam-se por milhões e que hoje não chegam aos duzentos mil.

A resistência dos povos indígenas ao processo de escravização teve duas consequências notáveis: a sua massiva exterminação e a busca dos africanos que aqui foram deportados para cumprir o que os índios não puderam fazer. Assim, abriu-se caminho ao tráfico negreiro que trouxe ao Brasil milhões de africanos que aqui foram escravizados para fornecer a força de trabalho necessária ao desenvolvimento da colônia.

Seres livres em suas terras de origem, aqui foram despojados de sua humanidade através de um estatuto que fez deles apenas força animal de trabalho, coisas, mercadorias ou objetos que podiam ser comprados e vendidos; fontes de riqueza para os traficantes (vendedores) e investimentos em "máquinas animais" de trabalho para os compradores (senhores de engenhos). Foi esse o regime escravista que fez do Brasil uma espécie de sociedade dividida e organizada em duas partes desiguais (como uma sociedade de castas): uma parte formada por homens livres que, por coincidência histórica, é branca, e a outra formada por homens e mulheres escravizados que, também por coincidência histórica, é negra.

A escravidão foi o meio que os portugueses encontraram para tirar maior lucro do Brasil. Além do tráfico e do comércio de algumas essências naturais, em especial o pau-brasil (que deu origem ao nome do país), eles recorreram também à agricultura de açúcar, na época um produto raro, comercializado pelos árabes e vendido em gramas a preço de ouro, como se vendem hoje os remédios nas farmácias. Os portugueses descobriram o segredo da plantação de açúcar entre os sicilianos e a experimentaram nas ilhas de Açores e de São Tomé e de lá a importaram para o Brasil junto com os primeiros escravizados, provavelmente trazidos dessas ilhas.

Não se sabe com exatidão a data da deportação dos primeiros africanos para o Brasil. Alguns autores indicam que os africanos foram deportados a partir da primeira metade do século XVI; outros na segunda metade. A única certeza que temos é a de que começaram a chegar no século XVI, com a produção de açúcar que se constituiu na primeira atividade rentável e a partir da qual teve início a construção da base econômica do país. Gradativamente, foram descobrindo e explorando outros ramos da agricultura, como o fumo, o algodão, o café e as atividades de mineração, sempre no modelo escravista inspirado no modelo dos engenhos de cana-de-açúcar.

Até a primeira metade do século XVII, o número de imigrantes europeus que entraram no Brasil era muito reduzido. A maioria deles veio de Portugal que, naquela época, tinha menos de um milhão e meio de habitantes. A população branca, nas estimativas feitas em 1798 e 1817, era de aproximadamente 1,3 milhão; 35% da população total. Um pouco mais de um terço da população era de origem europeia e a maior parte era de origem africana e indígena.

A partir de 1808, a população branca começou a crescer graças ao fim da lei que proibia a imigração não portuguesa. Iniciaram então as grandes correntes imigratórias, de diversos países europeus, em função de uma política de subvenção do governo colonial que financiava as viagens desses imigrantes. Em épocas e datas diferentes a partir de 1808, vieram alemães, suíços, italianos, espanhóis, franceses, irlandeses, poloneses, austríacos, belgas, russos, ingleses, sírios e libaneses. Os asiáticos, em especial os japoneses, começaram a entrar no fim do século XIX e início do século XX, principalmente a partir de 1908.

De modo geral, o atual povo brasileiro é oriundo de quatro continentes: América, Europa, África e Ásia. Quando os primeiros portugueses pisaram nesta terra em 1500, eles encontraram no local um mosaico de centenas de nações ou grupos nativos a quem denominaram indistintamente índios. Todos: indígenas, estrangeiros (oriundos de outros países) e africanos deportados eram representantes de diferentes culturas e civilizações. Eles trouxeram em suas bagagens e memórias coletivas elementos representativos dessas culturas. É por isso que o Brasil, como país e como povo, oferece o melhor exemplo de encontro de culturas e civilizações. Cada um desses componentes étnicos ou culturais trouxe sua contribuição para a formação do povo e da história dos brasileiros; na construção da cultura e de nossa identidade.

Por essa razão, aprender a conhecer o Brasil é aprender a conhecer a história e a cultura de cada um desses componentes para melhor captar sua contribuição na cultura e na história do país. Para entender "nossa" história e "nossa" identidade é preciso começar pelo estudo de todas as suas matrizes culturais: indígena, europeia, africana, árabe, judia e asiática. Infelizmente, não é isso que acontece na história do Brasil que foi ensinada tradicionalmente na escola e sistematizada pela historiografia oficial.

Em relação à matriz africana, na maioria dos livros didáticos que conhecemos, o ensino sobre a África é geralmente ausente ou é apresentado de modo distorcido ou de forma estereotipada. Essa maneira distorcida de olhar a África e seus povos pode ser ilustrada pelos antigos filmes de Tarzan e pelas informações divulgadas pela imprensa escrita e falada ou pelas mídias eletrônicas de modo geral. Nas informações veiculadas, focalizam-se, por exemplo, as chamadas guerras tribais, as calamidades naturais e as doenças como Aids e outras endemias que dizimam anualmente milhões de africanos.

O brasileiro de ascendência africana, ao contrário dos brasileiros de outras ascendências (europeia, asiática, árabe, judia etc.), ficou por muito tempo privado da memória de seus ancestrais. Por isso, a Lei nº 10.639, promulgada pelo Presidente da República Federativa do Brasil em 2003, depois de 115 anos da abolição da escravidão, veio justamente reparar essa injustiça feita não apenas aos negros, mas a todos os brasileiros, pois essa história esquecida ou deformada pertence a todos, sem discriminação de cor, idade, sexo, gênero, etnia e religião.

Africanos no Brasil: origem e contribuições

Origem

Os negros brasileiros de hoje são descendentes de africanos que foram trazidos para o Brasil pelo tráfico negreiro. Muitos deles são mestiços resultantes da miscigenação entre negros e brancos, negros e índios. No censo brasileiro, os mestiços são classificados como pardos, mas alguns deles, por decisão política ou ideológica, se consideram negros ou afro--descendentes.

O tráfico negreiro é considerado, por sua amplitude e duração, como uma das maiores tragédias da história da humanidade. Ele durou séculos e tirou da África subsaariana (região do continente africano abaixo da linha do deserto do Saara) milhões de homens e mulheres que foram arrancados de suas raízes e deportados para três continentes: Ásia, Europa e América, através de três rotas: a rota oriental (através do Oceano Índico); a rota transaariana (através do deserto do Saara e do Mar Vermelho); a rota transatlântica (através do Oceano Atlântico).

Os árabes foram responsáveis pelas rotas oriental e transaariana, no período compreendido entre 650 e 1600, estimando-se que teriam sido envolvidos cerca de cinco milhões de africanos. Por essas duas rotas, os africanos foram levados para o Oriente Médio (Arábia Saudita, Emirados Árabes, Iêmen etc.), Índia, China, Sri Lanka etc. Os europeus foram os maiores responsáveis pelo tráfico transatlântico, através do qual 40 a 100 milhões de africanos foram deportados para Europa e América. Embora os estudiosos não estivessem de acordo sobre as estatísticas, 40 milhões ou um pouco menos que isso é um número assustador quando se pensa em mão de obra naquela época, o que representa quatro vezes a população atual de Portugal ou a totalidade da população da Espanha.

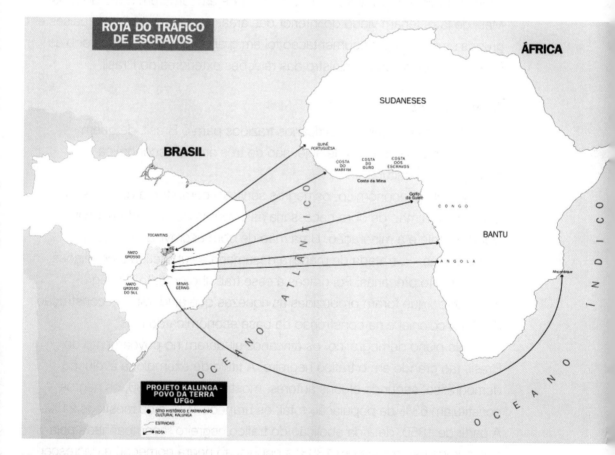

Mapa com os continentes africano e americano que mostram as rotas do tráfico negreiro para a América e para o Brasil (Mari de Nasaré Baiocchi, *Kalunga*: o povo da terra, Brasília, Ministério da Justiça, Secretaria dos Direitos Humanos, 1999).

Todos os africanos levados para o Brasil o foram através da rota transatlântica, envolvendo povos de três regiões geográficas:

a) **África Ocidental**, de onde foram trazidos homens e mulheres dos atuais Senegal, Mali, Níger, Nigéria, Gana, Togo, Benin, Costa do Marfim, Guiné Bissau, São Tomé e Príncipe, Cabo Verde, Guiné, Camarões;

b) **África Centro-Ocidental**, envolvendo povos do Gabão, Angola, República do Congo, República Democrática do Congo (antigo Zaire), República Centro-Africana;

c) **África Austral**, envolvendo povos de Moçambique, da África do Sul e da Namíbia.

Na literatura e outros textos sobre o assunto, diz-se geralmente que os africanos escravizados no Brasil foram trazidos do litoral de Angola, do litoral de Moçambique e do golfo de Benin, de onde embarcaram rumo ao Brasil. Mas, de fato, teriam vindo do interior das áreas citadas e de outros países e grupos étnicos, cuja documentação foi em grande parte queimada sob as ordens de Rui Barbosa, ministro das relações exteriores do Brasil.

Contribuições

As contribuições dos africanos trazidos para o Brasil, de quem descendem os brasileiros de hoje, são de três ordens: econômica, demográfica e cultural.

No plano econômico, os negros serviram como força de trabalho, fornecendo a mão de obra necessária às lavouras de cana-de-açúcar, algodão, café e à mineração. Uma mão de obra escravizada — sem remuneração —, tratada de maneira desumana e submetida a condições de vida muito precárias. Foi graças a esse trabalho gratuito do negro escravizado que foram produzidas as riquezas que ajudaram na construção do Brasil colonial e na construção da base econômica do país.

No plano demográfico, os africanos ajudaram no povoamento do Brasil, tão grande era o tráfico negreiro. A título de exemplo, a evolução demográfica, segundo alguns autores, mostra que, até 1830, os negros constituíam 63% da população total, os brancos 16% e os mestiços 21%. A partir de 1850, data da abolição do tráfico negreiro, acompanhada pela extinção da escravidão em 1888, a população negra começou a decrescer sensivelmente por causa das más condições de vida em que se encontrava e da mestiçagem com brancos e índios.

Estimativa da População do Brasil (1820 a 1830) em porcentagem (%) e número

Ano	Negros	Brancos	Mestiços	Total da população
1827	72,5%	15,5%	12%	100%
(Rugendas)	3.758.000	800.000	638.000	51.860.00
1830	63%	16%	21%	100%
(Malte-Brun)	5.340.000	1.347.000	1.748.000	84.350.000

Fonte: Fernando A. Albuquerque Mourão. "La présence de la culture africaine et la dynamique du processus social africain au Brésil". *Communication présentée au 2º World Black and Festival and Culture*, Lagos/Kaduna, Nigéria – 15/janeiro-12/fevereiro, 1977.

No plano cultural, destacam-se notáveis contribuições dos negros africanos na língua portuguesa do Brasil, no campo da religiosidade, na arte visual, na dança, na música, na arquitetura etc.

No plano da língua, os africanos introduziram um vocabulário desconhecido no português original e que faz hoje parte do falar brasileiro. Muitas palavras das línguas africanas são cotidianamente utilizadas pelos brasileiros, sem consciência de que são palavras africanas aportuguesadas. Alguns exemplos:

Rituais de candomblé (*Três tambores no Brasil*, Pierre Verger). (Emanoel Araújo, *Para Nunca Esquecer*: Negras Memórias/Memórias de Negros, São Paulo, Ministério da Cultura/Fundação Cultural Palmares, 2001).

acarajé, afoxé, agogô, angu, axé, bagunça, balangandã, bamba, banzo, berimbau, bobó, bumba, bunda, caçamba, cacimba, caçula, cafundó, cafuné, calunga, camundongo, candombe, candomblé, canjica, capanga, caruru, catimba, cuíca, dendê, fubá, gangazumba, ginga, Ilê, Ifá, jiló, jinga, lengalenga, liamba, maculelê, macumba, mandinga, marimba, marimbondo, mocambo, mungunzá, moqueca, muvuca, nagô, orixá, Oxalá, quenga, quiabo, quitanda, sacana, samba, senzala, soba, sunga, tanga, umbanda, vatapá, vodum, xereca, xoxota, zabumba, zonzo, zumbi etc.

(Fonte: Yeda Pessoa de Castro. *Falares africanos na Bahia*, Rio de Janeiro, Academia Brasileira de Letras, 2001.)

No que diz respeito à religiosidade, os africanos legaram ao Brasil algumas de suas religiões populares, tais como o Candomblé, Umbanda e Macumba, que fazem parte do patrimônio religioso brasileiro.

(*Xangô no Brasil*, Pierre Verger). (Emanoel Araújo, *Para Nunca Esquecer*: *Negras Memórias/ Memórias de Negros*, São Paulo, Ministério da Cultura/Fundação Cultural Palmares, 2001).

Na arte, eles deixaram suas marcas nas figas de madeira, nos objetos de ferro, nos instrumentos musicais como os tambores, a cuíca, o berimbau. Na mineração introduziram a bateia.

Berimbau, cuíca e tambor (<http://ordemnova.s10.xrea.com/osso-doporco/instrumentos.html>; <http://dudimaiarosa.blogspot.com/2002—09-01-dudimaiarosa-archive.html>).

Na música e dança, eles introduziram os congados, coco, jongo, maculelê, maracatu, bumba meu boi, destacando-se o samba, um dos gêneros musicais populares mais conhecidos e que constitui uma das facetas da identidade cultural brasileira.

Cerimônia de maracatu, bumba meu boi e capoeira (Luís da Câmara Cascudo, *Dicionário do Folclore Brasileiro*, 10. ed., São Paulo, Global, 2001).

Tráfico e escravidão na África

Mas qual a origem da escravidão, desta forma de exploração da mão de obra? A escravidão sempre se manifestou do mesmo modo que no Brasil colonial?

A palavra escravidão não foi inventada a partir da deportação dos africanos e de sua escravização em outros continentes. Trata-se de uma prática antiga na história da humanidade. Textos bíblicos e escrituras santas falam da escravidão dos israelitas no Egito antigo, onde trabalhavam nos rebanhos dos faraós. Tem-se eco do trabalho escravo nas literaturas sobre antigas civilizações egípcia, grega e romana. Alguns dos monumentos gigantescos, cujos vestígios e ruínas resistem até hoje nessas civilizações, foram construídos em parte com o trabalho escravo.

De acordo com algumas versões da história, o tráfico humano e sistema de escravidão já existiam na África, mas essa questão é um assunto carregado de emocionalidade e afetividade. Os africanos não ficam à vontade quando se toca neste assunto, porque se sentem acusados de terem sido corresponsáveis pelo tráfico de seus próprios povos; por terem, através de alguns de seus dirigentes tradicionais, participado do tráfico. Os brancos, de modo geral, querem se libertar de suas culpas e das lembranças das atrocidades cometidas no passado ao transferir esta responsabilidade aos reis e aos príncipes africanos implicados no tráfico e no comércio negreiro.

Em muitos livros de história e materiais didáticos encontramos a seguinte justificativa para o tráfico:

"O índio, acostumado com a liberdade, recusou-se ao trabalho escravo, o que obrigou o colonizador português a ir buscar essa mão de obra escrava no continente africano onde os negros, acostumados com a escravidão já existente em sua terra, não se importavam com sua sorte".

Dizer que o colonizador português foi para a África buscar escravos que ele adquiria, comprando-os pela troca de fumo da Bahia e de outras mercadorias, graças à cumplicidade dos reis e príncipes africanos, não deixa dúvida sobre a crença na existência dos escravos como categoria natural, ou seja, na existência de seres humanos que nasceram escravos na África. A partir dessa crença, podemos já suscitar uma dúvida e fazer uma primeira indagação. Algumas pessoas podem nascer escravos, ou todos nascem livres, até que algum sistema os escravize no decorrer de suas vidas?

Para começar, o significado do conceito de escravo, no contexto das realidades africanas, é muito distinto daquele aplicado no Brasil ou em outras culturas, em diferentes épocas. Na África, esse conceito seria aplicado a categorias distintas que nada têm ou pouco têm a ver com o conceito de escravo, tal como se deu na realidade escravista do Brasil colonial e das Américas de modo geral.

Na África tradicional, o conceito de escravo *design*ava todos aqueles que estão ou estiveram em uma relação de sujeição ou subalternidade leiga ou religiosa com um parente mais velho, um soberano, um protetor, um líder, etc. Geralmente, esses termos significam estar subjugado, submetido, dependente, servo. As filhas púberes, os caçulas, as esposas, os protegidos, os penhorados, entre outros, estão submetidos ao poder absoluto do chefe de família. Eles podem ser espancados, alienados, eventualmente mortos. A obrigação de trabalho passa sobre todos aqueles, francos ou cativos, que dependem de um senhor, de um "patriarca", de um soberano. Ao contrário, ao lado deles, alguns na mesma relação de sujeição podem gozar de privilégios que os colocam em uma situação aparentemente superior.

Além dessas relações de sujeição que existem em todas as sociedades africanas tradicionais (no interior de um reino, de uma chefia, de um clã, de uma linhagem, de uma família), existiram também relações de sujeição quanto aos estranhos cativos das guerras e penhorados pelas próprias famílias. Quando havia guerra entre duas sociedades inimigas, a sociedade vitoriosa poderia ocupar ou anexar o território vencido, que passava a integrar seu império; poderia deixar livres o rei e os habitantes do território ocupado, mas eles teriam como obrigação pagar regularmente um tributo. Os vencedores poderiam capturar algumas pessoas, homens e mulheres celibatários e levá-los para sua terra, como cativos. Os cativos masculinos trabalhavam como servos dos reis, notáveis e guerreiros, e os cativos femininos integravam os haréns destes como reprodutoras. Os homens cativos podiam casar-se com as mulheres livres da sociedade, sem direito de paternidade sobre seus filhos que nasciam livres e eram integrantes das comunidades de suas mães. Ambos, filhos de homens e mulheres cativos, nasciam totalmente livres.

Houve também muitos casos em que algumas sociedades domésticas não tiveram interesse em promover a reprodução contínua desses cativos que adquiriram em razão das circunstâncias gloriosas da guerra. Não davam aos cativos masculinos nenhuma ocupação, nem na reprodução nem na produção, fazendo deles apenas um bem de prestígio, um objeto desprovido de qualquer função ativa nas comunidades. Como outros bens semelhantes, eles poderiam ser destruídos através da imolação por ocasião de funerais ou cerimônias religiosas (por exemplo, eram enterrados vivos com o rei defunto, a quem continuavam a servir no mundo dos ancestrais). A imolação dos homens estranhos capturados era mais frequente que a das mulheres, porque o valor social e econômico destas como procriadoras não era subordinado a difíceis processos de integração.

Os cativos estranhos não provinham apenas das guerras. Existiu em várias sociedades africanas a prática de penhor humano. Um clã, grupo ou linhagem, pela decisão do patriarca, podia empenhar um de seus membros celibatários a uma outra linhagem credora, que poderia usá-lo gratuitamente até a extinção da dívida. O penhor poderia ser feito, por exemplo, em momento de grandes calamidades naturais. Neste caso, o parente era empenhado para receber em troca quantidades de comida para salvar a linhagem da fome. Os empenhados, embora subjugados, não perdiam sua origem. Sua condição de cativos era provisória e reversível, pois com a extinção da dívida teoricamente teriam direito à alforria.

Todas as categorias acima descritas existiram nas sociedades africanas tradicionais, mas, nem por isso, devemos ver nelas a existência de um certo tráfico negreiro entre os povos africanos, anterior ao tráfico transatlântico, pois a relação comercial que caracteriza o tráfico refere-se ao enriquecimento e acumulação de riqueza por seus responsáveis. Supõe a existência de sistemas em que os seres humanos são mercadorias, produtos comerciáveis, que podem ser vendidos e comprados e a existência dos mercados regulares para esse tipo de operação. Nada, na África antes do tráfico oriental e transaariano liderado por árabes e do tráfico transatlântico liderado pelos europeus, comprova a existência do tráfico humano e da relação de enriquecimento e acumulação de riquezas recorrentes.

Todas as situações de exploração existentes na África tradicional acima referidas não se constituem em sistemas escravistas, porque a exploração não era renovada sistematicamente e não suscitava uma categoria de indivíduos mantida institucionalmente (de fato ou de direito) em uma relação de subordinação. A escravidão como modo de exploração só pode existir se se constituir uma classe distinta de indivíduos com um mesmo estatuto social. Essa classe distinta, dita escrava, deve-se renovar de forma contínua e institucional, de tal modo que as funções a ela destinadas possam ser garantidas de maneira permanente e que as relações de exploração e a classe exploradora (dos senhores) que delas se beneficiam possam também se reconstituir regular e continuamente.

Nenhuma dessas formas de organizar a escravidão existiu na África antes do tráfico organizado, porque muitas dessas características chocavam-se com as práticas culturais dos povos que lá viviam. Assim, não era possível e nem necessária a formação de uma população escravizada (a classe dos senhores e dos escravizados) por meio da reprodução. Os filhos nascidos das uniões entre mulheres e homens cativos eram sujeitos completamente livres e membros das comunidades recebedoras dos "estranhos". Diferente do Brasil, onde, por um longo período, os filhos de escravizados nasciam na mesma condição de seus pais e serviam para o aumento do contingente de mão de obra. Nas sociedades africanas, havia uma impossibilidade prática também, pois tal reprodução supunha, demograficamente, um contingente mínimo de subjugados bem superiores aos contingentes habituais de cada comunidade doméstica. Esta não poderia reuni-los e submetê-los sem modificar profundamente, senão radicalmente, as suas estruturas. Fora do acolhimento e da guerra, não promoviam o abastecimento contínuo de pessoas subjugadas. Tanto a renovação contínua, por meio de incursões, ou da guerra periódica organizada, como a compra regular, estavam fora do alcance de uma economia de autossubsistência com a dos povos que lá habitavam.

O tráfico negreiro instalou-se na África a partir de uma intervenção externa, árabe e ocidental, que ultrapassou o próprio continente. Por isso, não podemos aceitar a tese de um sistema escravista africano que justificaria e legitimaria as formas de escravidão que deram origem às primeiras separações e deportações de africanos historicamente conhecidas. Sem dúvida, alguns dirigentes africanos dos séculos XVI-XIX entraram nesses circuitos de tráfico humano como fornecedores da mercadoria humana num mercado internacional sobre o qual não tinham nenhum controle. Alguns se enriqueceram, tornando seus reinos bem potentes e armados com a ajuda dos traficantes estrangeiros, para garantir o fornecimento regular da mercadoria através de capturas pela guerra.

Mas o que deve estar em questão não são os homens ou os continentes ou países que se envolveram com o tráfico, mas sim o sistema escravista como tal e o tráfico que o alimentava, hoje considerado como uma das maiores tragédias da humanidade. Foram milhões de homens e mulheres arrancados de suas raízes que morreram nas guerras de captura na própria África, nas longas caminhadas para os litorais de embarque, nas condições de confinamento, falta de comida e higiene nos armazéns humanos construídos nos portos de embarque da carga humana, na travessia, enfim nas condições de trabalho e de vida reservadas a eles nos países de destino que ajudaram a construir e a desenvolver.

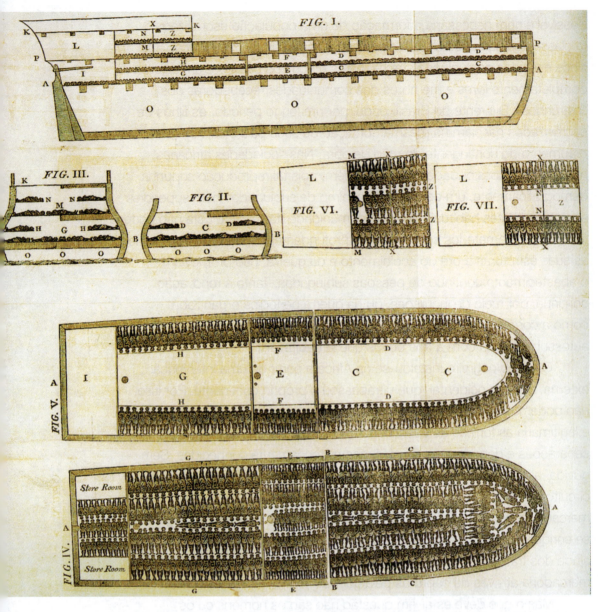

Ocupação humana nos navios de tráfico escravo (Emanoel Araújo, *Para Nunca Esquecer*: Negras Memórias/Memórias de Negros, São Paulo, Ministério da Cultura/Fundação Cultural Palmares, 2001).

2• África: berço de diversas civilizações

Quais as imagens que temos em mente quando nos referimos ao continente africano? Como são os povos que lá vivem ou viveram? Como se organizam e quais as condições de vida das diversas sociedades africanas? Quais tecnologias desenvolveram? Quais as tradições que são mantidas e as que resistem?

Mulheres reféns, mantidas sob vigilância para forçar os maridos a entrar na floresta e recolher borracha nativa.

Missionários britânicos com homens segurando mãos decepadas pela Abir, em 1904 (Adam Hochschild, *O fantasma do Rei Leopoldo*: uma história de cobiça, terror e heroísmo na África colonial, São Paulo, Companhia das Letras, 1999).

Muito do que conhecemos da África chega até nós pelos meios de comunicação de massa. Filmes como os de Tarzan e outros popularizados no cinema e na TV trazem para nós imagens distorcidas do povo africano, de suas tradições e sabedoria. De modo geral, os personagens brancos são os que levam saberes, a religião e a cultura que deve prevalecer. Também ensinam os modos de organizar as sociedades, as formas de cultivar a terra, de preservar o meio ambiente e a saúde às pessoas negras que nada ou pouco sabem. Reportagens e documentários nos mostram pequenas parcelas da incrível diversidade cultural deste imenso continente ou apenas os aspectos curiosos destas culturas. Muitas das imagens e textos que chegam até nós reduzem todo legado histórico e de sabedoria produzido há milhares de anos por variados povos que lá habitam ou habitaram.

Até hoje, nas imagens que são veiculadas sobre a África, raramente são mostrados os vestígios de um palácio real, de um império, as imagens dos reis e muito menos as de uma cidade moderna africana construída pelo próprio ex-colonizador. Geralmente, mostram uma África dividida e reduzida, enfocando sempre os aspectos negativos, como atraso, guerras "tribais", selva, fome, calamidades naturais, doenças endêmicas, Aids etc.

No entanto, não faltam imagens e registros históricos capazes de mostrar uma África autêntica em sua múltipla realidade, que possam até criar um sentimento de solidariedade com os países africanos. Essas imagens de uma África autêntica pululam nos testemunhos dos viajantes árabes que se aventuraram nos países da África ocidental entre os séculos IX e XI e dos navegadores portugueses que, no alvorecer da era das navegações no século XV, começaram a se aventurar mais ao sul do continente de forma sistemática.

Todos, árabes e europeus, descreveram em seus relatos a verdadeira África que viram. Muitos falaram com admiração das formas políticas africanas altamente elaboradas e socialmente aperfeiçoadas, entre as quais se alternavam reinos, impérios, cidades-estados e outras formas políticas baseadas no parentesco, como chefias, clãs, linhagens etc.

Até a véspera da era colonial moderna, era comum encontrar imagens positivas sobre a África. A natureza e as paisagens eram descritas com simpatia e lirismo; as mulheres eram consideradas bonitas e respondendo aos cânones da beleza da época, com boca em cereja e curva excitante. Escreveu o viajante alemão Barth, a respeito de uma cidade que ele viu na África ocidental:

"Taiwa foi a primeira grande cidade que eu vi num país propriamente negro. Ela me deixou com uma boa impressão, pois em toda parte apareciam signos evidentes da vida confortável e agradável em que viviam os nativos: a corte era cercada de grandes caniços que a protegiam dos olhares dos passantes...; perto da entrada, havia uma grande árvore sombreada e refrescante embaixo da qual recebiam-se os visitantes e tratava-se dos negócios correntes; toda a residência era protegida pela folhagem das árvores e animada por tropas de crianças, cabritos, galinhas, pombos, um cavalo (...). O caráter dos próprios habitantes estava em completa harmonia com suas residências, tendo como traço essencial uma felicidade natural, uma preocupação para gozar da vida, amar as mulheres, a dança e os cantos, mas sem excesso... Beber álcool não passava por pecado num país onde o paganismo permanece a religião da maioria. Mesmo assim, era raro encontrar pessoas bêbadas: os não muçulmanos contentavam-se em beber um pouco de giya, espécie de cerveja de sorgo, para manter o coração feliz e gozar da vida" (Roland Oliver & Anthony Atmore, *L'Afrique depuis 1800,* Paris, Presses Universitaires de France, 1970, p. 36-37).

Uma outra testemunha ocular, o viajante e pesquisador alemão, Leo Frobenius, fala de outras cidades que viu em 1906, na África central:

"Quando penetrei na região do Kassai e do Sankuru, encontrei ainda aldeias cujas ruas principais tinham quilômetros bordados com fileiras de palmeiras e cujas residências eram decoradas de maneira fascinante como se fossem obras de arte. Não vi homens que não carregavam no cinto suntuosas armas de ferro e cobre... Havia por toda parte tecidos de veludo e seda. Cada taça, cada cachimbo, cada colher eram uma obra de arte, totalmente dignos de comparação com as criações europeias" (Roland Oliver & Anthony Atmore, *L'Afrique depuis 1800,* Paris, Presses Universitaires de France, 1970, p. 19).

Após a conferência de Berlim (1885) que definiu a partilha colonial da África entre os países europeus interessados em explorar política e economicamente esse continente, as imagens simpáticas e tranquilizadoras começaram a sombrear. A infância inocente foi substituída pela imagem de subumanos para justificar a invasão, a manutenção dos processos de colonização e a exploração econômica no continente e para facilitar a operação de sujeição.

Desapareceram as belezas naturais dos territórios e das mulheres e crianças negras, substituídas pelos miasmas e outros horrores da selva, barbárie, mesquinharia e atraso, para justificar a Missão Civilizadora, de responsabilidade dos europeus colonizadores. Os povos se tornaram sem cultura, sem história, sem identidade e mergulhados na bestialidade. Reinos e impérios foram substituídos por imagens de hordas e tribos primitivas em estado de guerra permanente, umas contra as outras, para justificar e legitimar a missão pacificadora da colonização dessas sociedades, ora em diante qualificadas como ignorantes e anárquicas.

A exploração e a dominação brutal às quais foram submetidos os africanos exigiam que fossem considerados como brutos. Para justificar e legitimar a violência, a humilhação, os trabalhos forçados e a negação da humanidade dos africanos, era preciso bestializar a imagem desses homens e mulheres.

Neste capítulo, veremos que o passado das instituições políticas africanas era outro. Infelizmente, muitas delas foram desmanteladas por lutas e conflitos entre dinastias, por invasores coloniais, após décadas de resistência, às vezes feroz.

Antigas civilizações

Entre as civilizações mais antigas da história da humanidade, algumas desenvolveram-se no continente africano, como a egípcia, a cuxita, a axumita e a etíope. A história do Egito faraônico talvez seja a mais conhecida por nós, mas todas essas civilizações sobreviveram a um longo período da história da humanidade, desenvolvendo tecnologias e inúmeras formas de organização de suas sociedades, e produzindo um enorme legado cultural para toda humanidade.

No vale do alto Nilo, entre a segunda e a sexta catarata, num território que correspondia mais ou menos ao atual país Sudão, se desenvolveu o império de Kush ou a civilização cuxita. Contemporâneo do Egito, do qual era vizinho e potente concorrente político, o reino de Kush foi conquistado pelo faraó egípcio Tutmosis I por volta de 1530 a.C. Por sua vez, o rei do império de Kush invadiu o Egito por volta de 725 a.C. e o anexou ao seu império, formando a XXV (vigésima quinta) dinastia egípcia, da qual tornou-se faraó, o faraó etíope. As mútuas influências entre as duas civilizações negras se observam notadamente na construção das pirâmides e no cuidado que ambas tinham com o culto dos mortos.

As pirâmides de Napata e Méroe, cemitérios reais, em direção ao centro da África. Medindo quinze metros de altura, possuem o núcleo constituído por entulho e pedras, revestimento de tijolos e os cunhais aparelhados em pedra (Christian Maucler e Henri Moniot, *A história dos homens* — As civilizações da África, Paris, Lello & Irmão, 1987).

Uma das características da civilização cuxita é o reinado feminino que contou com várias linhagens das rainhas-mães, as "Candaces".

A civilização axumita, posterior às civilizações egípcia e cuxita, se desenvolveu no princípio do século II da era cristã, no território que corresponde mais ou menos à Etiópia atualmente. Uma das características dessa civilização foi o cristianismo, introduzido a partir de Alexandria, durante a ocupação romana do Egito, no império bizantino. É por isso que a Etiópia é considerada o país cristão mais antigo da África subsaariana, sem que houvesse contato com a colonização. Além do mais, salvo uma curta ocupação da Itália entre 1935 e 1945, a Etiópia nunca foi verdadeiramente colonizada. O cristianismo só perdeu sua preponderância perante o islamismo, imposto durante o império otomano, através da guerra santa levada pelos estados muçulmanos vizinhos. Não há dúvida sobre as influências exercidas pelas vizinhas civilizações egípcia e cuxita, como mostram os obeliscos e mosteiros da capital, Axum.

A rainha mãe Candace do antigo Sudão (Cheikh Anta Diop, *Nations nègres et culture*, tome I, Paris, Editions Présence Africaine, 1979).

Os obeliscos eram talhados numa única pedra de duro granito e comemoravam reis defuntos por meio de entrega de oferendas (Christian Maucler e Henri Moniot, *A história dos homens – As civilizações da África*, Paris, Lello & Irmão, 1987).

Os mosteiros eram lugares de sabedoria, escrita e leitura. Podiam ser erguidos numa caverna ou sob um abrigo rochoso, escavados na espessura de uma falésia, onde só a fachada e a entrada eram visíveis ou monolíticas, esculpidas num rochedo mais ou menos separado e cujas portas e janelas se abriam para o ar livre (Christian Maucler e Henri Moniot, *A história dos homens* — As civilizações da África, Paris, Lello & Irmão, 1987).

A civilização egípcia

Durante muito tempo, pensava-se que o Egito tivesse sido povoado a partir da Ásia, até então considerada o berço da humanidade. Consequentemente, a civilização egípcia teria origem fora da África. Mas a aceitação geral de que a origem do homem é africana transformou a visão sobre o povoamento do Egito e sobre a origem dessa civilização.

Quais seriam as características físicas dos homens e mulheres que construíram esta civilização? E, mais especificamente, qual era a cor da pele dessas pessoas?

Se o povoamento do Egito deu-se a partir dos africanos que habitavam o continente, não resta dúvida de que foram eles os primeiros a construir essa civilização.

Pirâmides do Egito (<http://www.medijaklub.co.yu/whallpaper/0999/piramide.jpg>).

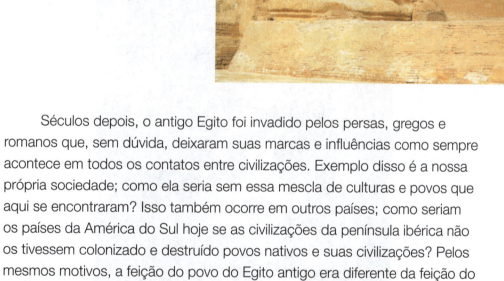

Obeliscos e esfinge de Quéfren (IV Dinastia, 2500 A.V. J.C.), no Egito (Reprodução).

Séculos depois, o antigo Egito foi invadido pelos persas, gregos e romanos que, sem dúvida, deixaram suas marcas e influências como sempre acontece em todos os contatos entre civilizações. Exemplo disso é a nossa própria sociedade; como ela seria sem essa mescla de culturas e povos que aqui se encontraram? Isso também ocorre em outros países; como seriam os países da América do Sul hoje se as civilizações da península ibérica não os tivessem colonizado e destruído povos nativos e suas civilizações? Pelos mesmos motivos, a feição do povo do Egito antigo era diferente da feição do Egito de hoje.

No entanto, as mudanças provocadas pelas invasões e imigrações não apagam as contribuições dos nativos na história dessas civilizações, como se tentou fazer na historiografia ocidental colonial, ao negar a mão negra na civilização egípcia. Essa negação foi uma estratégia político-ideológica que visava rechaçar o negro do processo civilizatório universal, a fim de justificar a colonização, a dominação política e a exploração econômica de suas riquezas.

Desenho de Ginnaeghel, rei etíope e do grande Egito, o faraó sudanese Taharqa e a cabeça de uma jovem princesa (Cheikh Anta Diop, *Nations nègres et culture*, tome I, Paris, Editions Présence Africaine, 1979).

Para os diversos historiadores e escritores gregos e latinos que visitaram o norte da África, no início e depois das invasões gregas e romanas, as características físicas do povo egípcio eram evidentes:

"Os egípcios eram negros, de lábios grossos, cabelo crespo e pernas finas (...). Será difícil ignorar ou subestimar a concordância entre os testemunhos apresentados pelos autores com referência a um fato tão evidente quanto a raça de um povo" (Cheikh Anta Diop, Origem dos antigos egípcios, História Geral da África II. A África Antiga, 1983, p. 48).

Os depoimentos desses homens permanecem até os dias de hoje. Seus testemunhos não deixam dúvida sobre a mão negra na civilização egípcia.

Heródoto *(484-425 a.C.): Geógrafo e historiador grego, é considerado por muitos historiadores como o primeiro geógrafo verdadeiro. Foi um dos primeiros escritores a escrever em jônio e em prosa; seus relatos eram elaborados como reportagens.*

No século V, antes da era cristã, quando Heródoto visitou o Egito, um povo de pele negra, os Kolchu, ainda vivia na Cólquida, no litoral armênio do mar Negro, a leste do antigo porto de Trebizonda, cercado por nações de pele branca. Os estudiosos da antiguidade ficaram intrigados quanto à origem deste povo, e Heródoto, em Euterpe, o segundo livro de sua história do Egito, tenta provar que os Kolchu eram egípcios, daí sua argumentação:

"É, de fato, evidente que os colquídios são de raça egípcia (...). Muitos egípcios me disseram que, em sua opinião, os colquídios eram descendentes dos soldados de Sesóstris. Eu mesmo refleti muito a partir de dois indicadores: em primeiro lugar, eles têm pele negra e cabelos crespos (na verdade, isso nada prova, porque outros povos também os têm), e, em segundo lugar – e este é um indicador mais consistente –, os egípcios e os etíopes foram os únicos povos, de toda a humanidade, a praticar a circuncisão desde tempos imemoriais – os próprios fenícios e sírios da Palestina reconhecem que aprenderam essa prática com os egípcios, enquanto os sírios do rio Termodon e da região de Pathenios e seus vizinhos, os macrons, dizem tê-la aprendido recentemente com os colquídios. Essas são as únicas raças que praticam a circuncisão, e deve-se observar que a praticam da mesma maneira que os egípcios. Quanto aos próprios egípcios e aos etíopes, eu não poderia afirmar quem ensinou a quem essa prática, pois ela é, evidentemente, muito antiga entre eles. Quanto ao fato de o costume

ter sido aprendido através dos egípcios, uma outra prova significativa para mim é o fato de que todos os fenícios que comerciam com a Grécia param de tratar suas partes pudendas conforme a maneira egípcia e não submetem seus filhos à circuncisão".

(Cheikh Anta Diop, op. cit., p. 48.)

Mapa com a localização do litoral armênio, mar Negro, da região onde vivia o povo Kolchu (John Middleton (editor), *Encyclopedia of Africa South of the Sahara*, New York, 1997)

Volney, *cientista latino, viajou pelo Egito entre 1783–1785, em pleno período da escravidão negra. Ele fez as seguintes observações sobre os coptas (representantes da verdadeira raça egípcia, aquela que produziu os faraós):*

"Todos eles têm faces balofas, olhos inchados e lábios grossos, em uma palavra, rostos realmente mulatos. Fiquei tentado a atribuir essas características ao clima, até que, visitando a Esfinge e olhando para ela, percebi a pista para a solução do enigma. Completando essa cabeça, cujos traços são todos caracteristicamente negros, lembrei-me da conhecida passagem de Heródoto: 'De minha parte, considero os kolchu uma colônia do Egito porque, como os egípcios, eles têm a pele negra e o cabelo crespo'. Em outras palavras, os antigos egípcios eram verdadeiramente negros, da mesma matriz racial que os povos autóctones [nativos] da África; a partir desse dado, pode-se explicar como a raça egípcia, depois de alguns séculos de miscigenação com sangue romano e grego, perdeu a coloração original completamente negra, mas reteve a marca de sua configuração. É mesmo

possível aplicar essa observação de maneira ampla, e afirmar, em princípio, que a fisionomia é uma espécie de documento, utilizável em muitos casos para discutir ou elucidar os indícios da história sobre a origem dos povos..."

(Cheikh Anta Diop, op. cit., p. 56).

A história do Egito faraônico conta com trinta dinastias que se sucederam entre cerca de 3000 e 333 antes da era cristã. Até o fim da XX (vigésima) dinastia, por um período aproximado entre 3000 e 1200 a.C., não há indicações sobre invasões externas, salvo conflitos internos entre Alto e Baixo Egito.

O período de instabilidade e declínio político começa a partir da XXI (vigésima primeira) dinastia, caracterizado por invasões e ocupações estrangeiras. Uma família de origem líbia vinda de Fayum apossou-se do trono egípcio e fundou uma dinastia que durou aproximadamente duzentos anos. Depois, veio uma segunda invasão encabeçada por Sargão II, soberano assírio, que derrotou o exército do faraó Bócchoris em 720 a.C. O rei sudanês Shabaka invade também o Egito por volta de 720 a.C., unifica o Sudão e o Egito e funda a dinastia sudanesa, a XXV (vigésima quinta) dinastia dos faraós. Esta dinastia durou sessenta anos, até o momento em que os assírios, ao cabo de inúmeras campanhas, conseguiram vencê-la. Sob o comando de Cambises, os persas ocupam o trono da XXVII (vigésima sétima) dinastia, colocando praticamente fim à história do Egito como potência independente. As últimas três dinastias (XXVIII, XXIX e XXX) são de origem local. Os reis da XXIX (vigésima nona) e da XXX (trigésima) dinastia conseguiram manter por aproximadamente sessenta anos a independência assim conquistada, até a segunda dominação persa reiniciada em 341 a.C. e interrompida em 332 a.C., quando Alexandre o Grande invadiu o Egito após ter derrotado a Pérsia na batalha de Isso.

Podemos, seguramente, deduzir da história do Egito faraônico que, pelo menos, 21 dinastias faraônicas eram nitidamente negras: as primeiras vinte dinastias que, ininterruptamente, reinaram sem que houvesse invasões estrangeiras e a XXV (vigésima quinta) dinastia sudanesa.

Os testemunhos aqui rapidamente resumidos apresentam um grau de concordância difícil de contestar sobre a origem negra da civilização egípcia. No entanto, esses fatos em toda sua objetividade estão ainda subestimados e ocultados no ensino da história. O que estaria por trás dessa ocultação e subestimação?

Estados da África Negra entre os séculos X e XVI

Império de Gana

Conhecido como país do ouro, o império de Gana estendia-se nas regiões do Sahel, entre o Senegal médio e a curvatura do Níger. Um dos autores árabes, que o menciona a partir do século VIII, narra que o "ouro crescia como cenouras e era arrancado ao nascer do solo... e que o rei prendia seu cavalo a uma enorme pepita na qual havia que mandar abrir para isso um buraco".

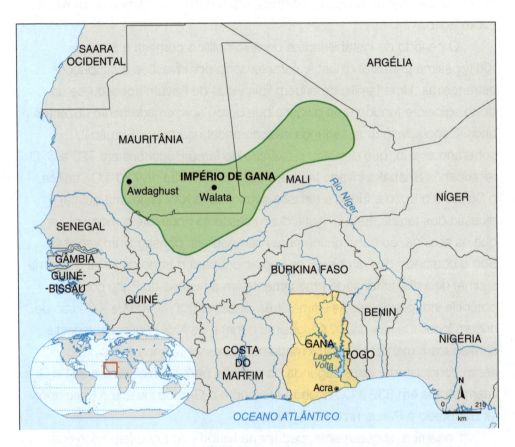

Mapa do continente africano com a localização do império de Gana e do atual país de Gana (John Middleton (editor), *Encyclopedia of Africa South of the Sahara*, New York, 1997, v. IV e II)

O soberano vivia na sua capital, Kumbi-Saleh, composta de duas cidades: uma muçulmana, com doze mesquitas, onde viviam os mercadores, letrados e juristas; outra onde se encontravam o palácio e suas dependências, assim como os túmulos dos príncipes e bosque sagrado ligados aos cultos religiosos tradicionais.

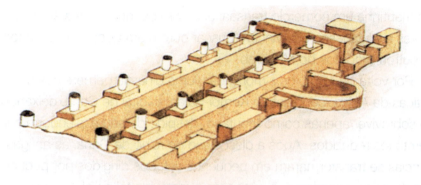

A cidade de Kumbi-Saleh era constituída por casas construídas em pedra, com quartos num mesmo enfiamento.

Atividades econômicas do império de Gana (Christian Maucler e Henri Moniot, *A história dos homens* — As civilizações da África, Paris, Lello & Irmão, 1987).

  Para governar, o rei era assistido pelos altos dignitários com os quais se reunia cada manhã para escutar queixas de seus súditos e logo exercer a justiça. Graças às suas riquezas, o rei possuía um exército numeroso, composto por infantaria, arqueiros e cavalaria. Exageradamente, o escritor árabe El-Bekri estimou esse exército em 200 mil guerreiros. Já no século IX,

Gana mantinha um comércio transaariano com os mercadores árabes, berberes e sudaneses que vinham buscar ouro e em troca ofereciam tecidos, sal e outros produtos do Maghreb.

Por volta de 1077, os almorávidas, uma dinastia berbere das costas atlânticas da África, conquistam Kumbi-Saleh, capital de Gana, deixando o reino sobreviver apenas como tributário, despido do seu esplendor e com os territórios reduzidos. Após a dissolução do reino de Gana, as antigas províncias se transformaram em pequenos estados dirigidos por pequenos reis, antigos governadores. A expansão almorávida foi paralelamente acompanhada da conversão de muitos reis ganenses, movidos pela estratégia político-econômica de integrarem-se no espaço mercantil islâmico.

Império de Mali

O império de Mali, segundo do Sudão Ocidental depois de Gana, formou-se a partir de uma província mandinga ao norte de Fouta Djalon. A sua capital, Niani, situava-se na fronteira entre o atual Mali e Guiné.

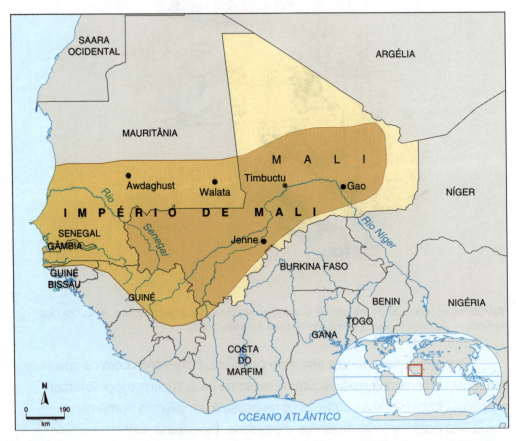

Mapa do continente africano com a localização do império de Mali e atual país de Mali (John Middleton (editor), *Encyclopedia of Africa South of the Sahara*, New York, 1997, v. IV e III)

As histórias do império do Mali, na epopeia mandinga, estão ligadas a Sundiata, uma criança enferma que escapou com vida quando seu pai, o soberano do pequeno reino do Mali, foi massacrado com seus filhos pelo rei do Sosso do então império de Gana. Conta-se que a criança Sundiata foi curada por milagre, depois de ter tocado no bastão do cetro real. Recuperada a força de suas pernas, ele foi vingar sua família dos keita, atacando e vencendo, em 1235, o reino de Sumanguro, de Gana, assassino do seu pai e seus irmãos. Além de pilhar a capital Kumbi-Saleh, entre conquistas e anexações, ele fundou um vasto império do qual se tornou o rei Mansa. Depois, passou a reinar no palácio de Niani, a sua nova capital.

Durante dois séculos, o Mali foi o mais rico Estado da África Ocidental. Possuía minas de ouro e tinha controle das vias transaarianas em direção ao Maghreb, à Líbia e ao Egito. A glória dos mansa manifestava-se por vezes de uma forma espetacular. Entre 1324 e 1325, o Mansa-Muça fez peregrinação a Meca – espetáculo incomparável. De passagem, visitou o sultão do Cairo precedido de milhares de súditos, vestindo roupagens engalanadas, e distribuiu ouro em tais quantidades que o valor do precioso metal despencou durantes os dozes anos que se seguiram.

Seu declínio, na primeira metade do século XV, deve-se aos conflitos de poder e disputas pela sucessão do trono e à emergência, a leste e a oeste, de rivais ambiciosos.

O imperador de Mali em audiência pública (Christian Maucler e Henri Moniot, *A história dos homens* — As civilizações da África, Paris, Lello & Irmão, 1987).

"(...) o Imperador do Mali tinha audiências públicas, quer no seu palácio, numa sala sob uma cúpula ou numa praça próxima. Eram espetáculos solenes e grandiosos, repletos de soldados, oficiais e músicos. Encontravam-se ali dois cavalos selados e dois carneiros para afastar o mau-olhado. Mas o fausto da encenação e das indumentárias não deve fazer esquecer a humildade daqueles que eram chamados para essas audiências" (Christian Maucler e Henri Moniot. *As civilizações da África*. Ed. Lello & Irmão, 1990, p. 22-23).

Império de Songai

Por volta do século VIII, existiu, no topo da curva do rio Níger, o mais longo da África ocidental, o pequeno reino de Kukia, fundado por uma população de camponeses, caçadores e pescadores. Gao, sua capital no século IX, ficava na encruzilhada das grandes rotas de caravana do Saara.

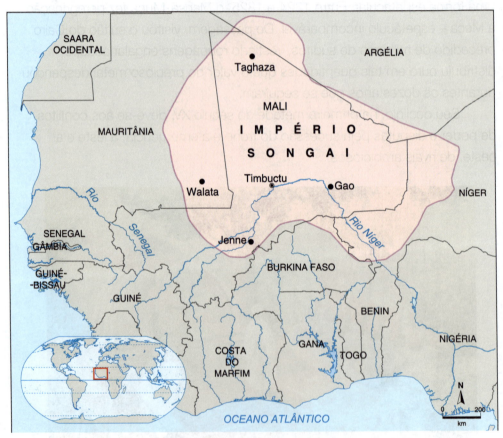

Mapa do continente africano com a localização de Songai (John Middleton (editor), *Encyclopedia of Africa South of the Sahara*, New York, 1997, v. IV)

O reino Kukia foi conquistado em 1325 por Mansa-Muça do Mali, mas recuperou sua independência, algumas décadas mais tarde, durante o reinado de Sonni Ali (1464-1494). Este submeteu todo o vale do Níger e as suas grandes cidades de Tombuctu, Mopti e Djemé. Tumultuou a tutela do império do Mali, realizando terríveis saques e pilhagens na capital, Niani. Embora o Rei Sonni Ali se apoiasse na religião islâmica, jamais deixou de cuidar também dos credos tradicionais, da herança histórica vital para a coesão dos Songai.

À sua morte, a luta entre os pretendentes ao trono foi vencida por seu sobrinho Maomet Turé, que fundou a dinastia dos Askia. Em seu reinado (1492-1528) o islã tornou-se poderoso. Após peregrinação à Meca, onde recebeu o título de Califa do Sudão, ele reorganizou seu império, dando lugar preponderante aos caídes (juízes) e aos ulemás (doutores da lei). Uma burocracia de letrados, um exército permanente e uma administração firme asseguraram a coesão deste vasto território que ia do Atlântico ao maciço do Air, subindo até o Saara.

A partir do século XVI, porém, o império Songai entra em conflito com os interesses marroquinos e turcos no Saara. E é de Marrocos que virá o fim, quando, em abril de 1591, uma coluna de guerreiros partiu de Marraquexe, esmagando em Toudibio o exército dos Askia. Depois dessa derrota, o império desvaneceu-se.

Na curva do Níger, o império Songai, um Estado rico na encruzilhada de todas as trocas comerciais, onde utilizavam-se pirogas escavadas num tronco ou bem acabadas e grandes canoas feitas com tábuas ligadas (Christian Maucler e Henri Moniot, *A história dos homens — As civilizações da África*, Paris, Lello & Irmão, 1987).

Império de Kanem-Bornu

Segundo os escritores árabes, o império de Kanem-Bornu desenvolveu-se a partir do nascimento de um reino que teria existido entre os séculos VIII e IX, a nordeste do lago nas dunas de Kanem. De acordo com a lenda, a dinastia veio do Tibesti, país dos Tubu, onde os seus reis foram durante muito tempo buscar as suas rainhas e onde encontravam também os guias indispensáveis para seus empreendimentos no Saara.

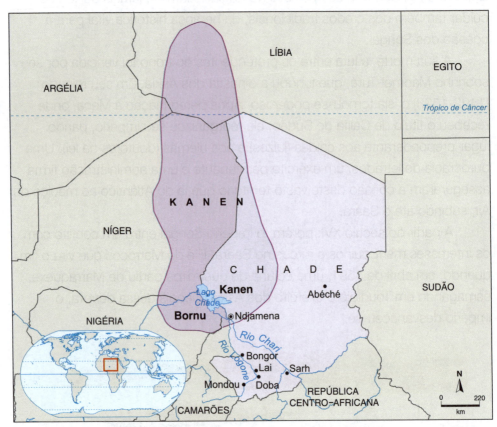

Mapa do continente africano com a localização do Império de Kanem-Bornu e do atual Chade (John Middleton (editor), *Encyclopedia of Africa South of the Sahara*, New York, 1997, v. I e IV)

O Kanem ocupava o nordeste do Chade, na encruzilhada dos caminhos que vinham da atual Tunísia e do Egito, em direção à África negra, e por onde passava o importante e lucrativo tráfico dos africanos em direção ao Maghreb. Ao contrário dos impérios de Gana, Mali e Songai no Sudão ocidental, que se sucediam e depois desapareciam, o império de Kanem-Bornu no Sudão central sobreviveu mil anos às vicissitudes de sua história. Diz-se que, por causa do difícil relacionamento com os Tubu, os soberanos de Kanem se viram obrigados a estabelecer e fortalecer relações com seus clientes do Maghreb, relações estas facilitadas pela conversão ao Islã.

No fim do século XII, um príncipe negro, originário de Kanem, que se atribuiu o título de Maï e o nome de Doumana, conseguiu estender sua autoridade sobre o Sudão central: dos Estados Haussa ao Quaddai, do Sahel saariano ao Fezzan.

Na virada do século XVI para o XVII, governava o rei Idris Alaoma. Ele visitava frequentemente o Oriente e a Turquia, que lhe forneciam instrutores militares. Dedicado à arte da guerra, esse rei multiplicou unidades especializadas em seu exército (soldados equipados com mosquetes e cavaleiros) e aperfeiçoou a técnica das paliçadas defensivas, além de ser um grande construtor de mesquitas.

O rei de Kanem-Bornu, o país do rei escondido, não se mostrava em público senão por ocasião de grandes festividades (Christian Maucler e Henri Moniot, *A história dos homens — As civilizações da África*, Paris, Lello & Irmão, 1987).

Em 1893, um aventureiro vindo do Nilo, Rasbah, quebra a resistência do Bornu, mas, enquanto estava se preparando para tomar conta do país, surgiram os colonizadores europeus para mudar o rumo da história. A fronteira oriental desse vasto império do Kanem-Bornu foi certamente um dos lugares de passagem dos nômades em busca das terras para pastagem ou de possibilidades de comércio. Vindo do Sudão ou da Arábia, eles se mesclaram com as populações locais, dando origem a esses povos compostos cuja história desconhecemos.

A civilização Ioruba

A civilização ioruba desenvolveu-se a partir do século XI, no sudoeste da atual Nigéria. Era uma civilização caracterizada por dezenas de cidades, das quais muitas ultrapassavam os 20 mil habitantes. Constituíam grandes centros de artesanato com oleiros, tecelões, marceneiros, ferreiros etc. Paralelamente às atividades artísticas, artesanais e comerciais praticavam-se atividades agrícolas baseadas no plantio do inhame, da palmeira e outros produtos alimentares.

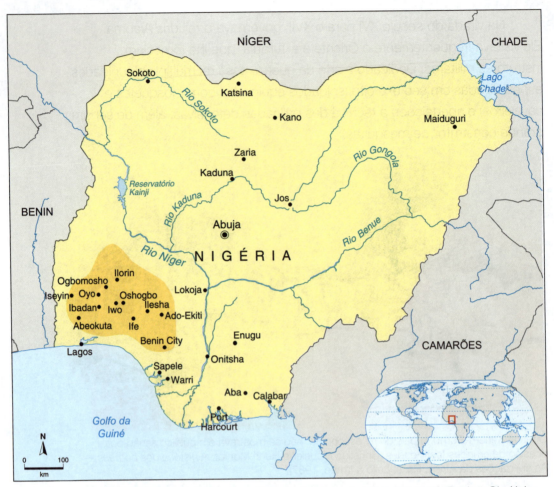

Mapa da Nigéria com situação geográfica dos Ioruba e das cidades de Ifé, Benin e Oio (John Middleton (editor), *Encyclopedia of Africa South of the Sahara*, New York, 1997, v. III/ George Duby, *Atlas historique*, Larousse-Bordas, 1996)

Segundo o mito de origem, o povo ioruba é descendente do rei Oduduwa, que desceu dos céus sobre o mar, tendo nas mãos uma cabaça cheia de areia e uma galinha. Despejou então a areia sobre o mar, pousando nela a galinha. Esta esgaravatou e espalhou a areia, dando origem à terra do povo ioruba, de quem se tornou o primeiro soberano.

A cidade de Ifé

O centro da civilização era localizado na cidade sagrada de Ifé, berço da civilização ioruba e sede da residência do chefe religioso Oni. As outras cidades nascidas dos filhos de Oduduwa tinham por chefe Oba, personagem sagrada que usava uma coifa real formada por uma calota de tecido, da qual pendiam fiadas de pérolas, tão juntas que lhe não deixavam ver o rosto.

Pantera de Oba que era colocada nos altares dos antepassados.

Estatueta de Oni de Ifé data do século XIV ou princípios do XV, com insígnias reais e bastão de chamamento do deus Ifa, artisticamente adornado (Christian Maucler e Henri Moniot, *A história dos homens — As civilizações da África*, Paris, Lello & Irmão, 1987).

Uma pesquisa arqueológica realizada em 1938 revelou a existência de uma antiga metalurgia de bronze, baseada na técnica chamada "cera perdida". Entre algumas peças descobertas, havia cabeças, bustos e estátuas de reis e altos dignitários, de execução harmoniosa datadas dos séculos XI a XV.

Do ponto de vista político, os reinos iorubas não tinham uma unidade política, pois se organizavam em reinos politicamente independentes apesar de possuírem unidade cultural, linguística, religiosa, histórica e territorial. O que, segundo alguns autores, teria facilitado o declínio dessa civilização a partir do século XV. Porém Oio, nos séculos XVII e XVIII, tornou-se o mais poderoso dos reinos iorubas, graças à organização militar apoiada numa unidade de arqueiros apeados e numa importante força de cavalaria armada com lanças e espadas. Esse reino findou-se no princípio do século XIX, sob o jugo dos peules muçulmanos.

Apesar da implantação do Islã e do cristianismo no país ioruba, as duas religiões importadas não conseguiram suplantar a antiga religião e seu panteão rico em divindades.

A cidade de Benin

Como todas as cidades iorubas, o reino de Benin foi ligado à cidade sagrada de Ifé como descendente de Oduduwa. Seu soberano mais célebre

foi Oba Ewaré o Grande, entronizado em 1440. Ele mandou construir estradas e embelezou sua capital, suscitando a admiração dos viajantes durante séculos. Uma vez por ano, esse rei organizava uma cerimônia durante a qual ele aparecia perante seu povo.

Segundo Dapper, um geógrafo holandês que presenciou essa cerimônia em 1668,

> "o rei aparece a cavalo coberto com suas insígnias reais, acompanhado por um séquito de quatrocentos nobres e uma banda de música. Trazem leopardos encadeados e um certo número de anões e surdos-mudos que servem de bobos para distrair o rei" (Christian Maucler e Henri Moniot, *A história dos homens – As civilizações da África,* Ed. Lello & Irmão, 1990, p. 34).

A capital do reino era dividida em quarteirões especializados em atividades produtivas: fabricação de tambores; fundição de bronze; curtumes, esculturas em madeira. A renda do rei provinha de tributos cobrados sobre bens alimentares e sobre produtos artesanais. O rei dispunha também do trabalho dos cativos, geralmente estranhos, e do monopólio das exportações.

Na direção do Estado, o rei contava com a assistência dos dignitários e de outros homens livres que davam prova de competência e honestidade. Eles recebiam títulos e funções que, somados, formavam uma complexa estrutura social hierarquizada. A partir do século XV, Benin estabeleceu relações mercantis com Portugal e outros países europeus com base no tráfico negreiro e no comércio de manilhas de ouro.

Bastão de chamamento do Deus Ifa, artisticamente adornado.
Cabeça fundida em latão por ordem de um Oba, destinada a conservar a memória de um dos seus predecessores (Christian Maucler e Henri Moniot, *A história dos homens — As civilizações da África,* Paris, Lello & Irmão, 1987).

No fim do século XIX, os ingleses tentaram impor seu protetorado sobre o reino de Benin, mas sofreram forte oposição do rei, que resultou no assassinato do cônsul inglês. Uma expedição punitiva enviada pelo rei da Inglaterra em 1897 tomou a capital, que foi totalmente pilhada. Os soldados ingleses apoderaram-se de milhares de obras-primas da arte de Benin, que hoje podem ser vistas nos grandes museus e nas galerias de arte europeias.

Reino de Abomé

Situado na atual República de Benin (antigo Daomé), o reino de Abomé foi fundado no início do século XVII, por Do Aklim. Até o fim do século XVII, era apenas um pequeno Estado que controlava somente uma centena de quilômetros quadrados em torno de Abomé, capital do Reino. Mas a partir do início do século XVIII, os diversos sucessores do trono ampliaram as conquistas. Obtiveram acesso direto ao mar, apropriando-se do importante centro do tráfico negreiro de Ouidah, em 1747. O que deu a Abomé as condições para se tornar um dos principais centros negreiros da costa ocidental africana.

Mapa do continente africano com a localização da república de Benin, situando a área do reino de Abomé e o litoral Ouidadh, de onde embarcaram os negros (John Middleton (editor), *Encyclopedia of Africa South of the Sahara*, New York, 1997, v. I/ George Duby, Atlas historique, Larousse-Bordas, 1996)

O rei de Abomé possuía um poderoso exército armado de fuzis, no qual destacavam-se as famosas amazonas negras. Ao exército cabia a expansão das fronteiras do reino e a organização de expedições para a captura de africanos para o tráfico escravo. A maior resistência vinha do vizinho reino ioruba de Oio (na atual Nigéria), que lançava campanhas militares anuais contra os senhores de Ouidah (1726-1747). Com o declínio do poderio ioruba e com o fim da soberania de Oio em Abomé, as expedições e capturas intensificaram-se em relação ao povo ioruba.

No século XIX, quando os países europeus impuseram o fim do tráfico negreiro, os soberanos de Abomé tiveram de modificar sua política. Devido à grande procura de óleo de palma, eles organizaram sua produção graças à sua mão de obra cativa.

Em 1894, os franceses depõem o último rei de Abomé, Behanzim, que foi exilado em Martinica, nas Antilhas, e depois em Argel, onde morreu em 1906.

Trono do rei Ghezo (1818-1858) e palácio de Ghezo e Glelé que guarda a memória do poder que foi Abomé (Christian Maucler e Henri Moniot, *A história dos homens* — As civilizações da África, Paris, Lello & Irmão, 1987).

Reino de Achanti

O reino Achanti, que se situaria na atual República de Gana, nasceu e se desenvolveu na região que orla o Golfo da Guiné, chamada Costa do Ouro pelos europeus. Foi o primeiro ponto do dito Golfo descoberto pelos portugueses. Ali se estabeleceram para iniciar o tráfico negreiro que levou à escravização de milhares de homens e mulheres africanos. Nesse ponto, os portugueses fundaram, em 1481, o famoso forte de São Jorge de Minas. Seguindo os mesmos passos dos portugueses, mercadores franceses, holandeses, suecos, dinamarqueses, ingleses e alemães frequentaram também a costa que, em pouco tempo, ficou marcada pela construção de 35 fortes de várias nacionalidades ocidentais.

Mapa do continente africano com a localização da República de Gana, situando o reino Achanti (John Middleton (editor), *Encyclopedia of Africa South of the Sahara*, New York, 1997, v. IV e II/ George Duby, *Atlas historique*, Larousse-Bordas, 1996)

O território achanti ocupava uma posição estratégica na encruzilhada das rotas que conduziam ao norte em direção aos Estados muçulmanos e ao sul, em direção ao litoral atlântico. Um importante fluxo de produtos de um grande valor mercantil (ouro, escravizados etc.) alimentava o comércio à longa distância e assegurava a prosperidade econômica da região. Esse contexto favorável e a necessidade de se unir para enfrentar as ameaças dos povos vizinhos invejosos determinaram a emergência da união entre chefes e principados akan, bem antes do século XV.

Porém, outras hegemonias mais potentes se afirmaram ao norte, principalmente entre os Den Kyira que compravam armas dos europeus, graças às quais capturavam e escravizavam os vizinhos akans, a quem impuseram a tutela e o pagamento de tributo.

Foi para quebrar esse estado de dominação que os Achanti se reuniram em 1700 e constituíram uma confederação de Estados autônomos. Foi o príncipe Osei Tutu quem idealizou e concretizou essa confederação. Conta a tradição que "sete reis se uniram em Kumasi (capital do reino), graças à iniciativa do mágico Okomfo Enokye, que deu a beber a todos uma poção mágica. E todos viram então o céu tempestuoso, riscado por relâmpagos, de onde saiu uma nuvem branca, e dela surgiu um tamborete de ouro que veio pousar delicadamente sobre os joelhos de Osei Tutu, tornando-o assim, por proteção divina, chefe de todos os Achanti". Embora esse episódio seja lendário, a verdade é que o rei achanti conserva até hoje uma cadeira de ouro que é um objeto venerado por todos, símbolo do reino e do poder real.

Para os Achanti a autoridade de cargos públicos era simbolizada por cadeiras (tronos) e no palácio de Kumasi existia um quarto dos tesouros reais (Christian Maucler e Henri Moniot, *A história dos homens* — As civilizações da África, Paris, Lello & Irmão, 1987).

No processo de desenvolvimento do Estado Achanti, o fator militar foi determinante: o reino formou-se e manteve-se, de fato, pela conquista. Os soberanos empreenderam grandes esforços para tornar o exército e o aparelho militar mais aperfeiçoados e modernos. O rei Osei Tutu começou por operar uma profunda militarização das estruturas sociais antigas. Implantou um exército regular que compreendia corpo de informantes, vanguarda, centro, ala direita, ala esquerda e guarda real.

A preocupação constante dos soberanos era mobilizar cada vez mais o maior número de soldados. Em missão na capital Kumasi, em 1871, Edward Bowdich relata que um quinto da população total era mobilizada para servir ao exército e que, nos meados do século XIX, os serviços britânicos de informação avaliavam em 80 mil homens o número de soldados em atividade no conjunto do Reino Achanti.

Entre as importantes reformas realizadas pelos soberanos achanti figura a reorganização da administração central e do sistema financeiro. Do fim do século XVII ao XIX, o reino evoluiu, passando de uma estrutura confederativa (que reunia diferentes Estados), até então frouxa, para uma estrutura de Estado fortemente organizado e centralizado, cuja estrutura formal, na segunda metade do século XIX, assim se apresenta:

> *"No topo do reino se encontra o rei, cujo poder não é autocrata e que devia obter, em qualquer questão importante, o consentimento do Alto Conselho. Este era composto por notáveis de Kumasi e de dignitários representantes das províncias. O Conselho se reunia, ordinariamente, uma vez por ano. Em casos de necessidade, seria convocado em sessões extraordinárias"* (Elikia M'bokolo, *Afrique Noire: Histoire et Civilisations,* Tome II, Paris, Hatier, 1992, p. 16-24).

Alguns Estados da África Central e Austral

Reino do Congo

O reino do Congo remonta ao fim do século XIV e ocupou um território que se estendia do rio Kwilu-Nyari (ao norte do porto de Loango) até o rio Loje (ao norte de Angola), do Atlântico ao rio Kwango, cobrindo o Baixo Congo (na atual República Democrática do Congo), o enclave de Cabinda, uma parte de Angola e do Congo-Brazaville. Isso significa que quando o descobridor português Diego Cão lançou a âncora no rio Congo, em 1842, o reino do Kongo, uma das civilizações mais prestigiosas da África Central, já tinha quase um século de existência.

Mapa do continente africano com a localização de Angola, República Democrática do Congo e República do Congo (John Middleton (editor), *Encyclopedia of Africa South of the Sahara*, New York, 1997, v. IV/Atlas da História do Mundo, *Folha de S.Paulo*/The Times, 1995)

    O rei, Manicongo, morava na capital Mbanza Congo, que foi rebatizada pelos portugueses com o nome de São Salvador, hoje situada na atual Angola, perto da margem do rio Congo.

    A estrutura política do Kongo no século XVI segue o exemplo das estruturas políticas dos reinos costeiros africanos, cuja característica principal é o Estado com poder centralizado. O grau de aperfeiçoamento desse reino levou alguns autores ocidentais a pensar que tivesse sido criado pelos portugueses no início do século XVI, hipótese que não resiste às provas históricas.

    A unidade da estrutura política do Congo era a aldeia, seu núcleo era formado pelos membros de uma mesma linhagem. Acima das aldeias, vinham os distritos, dirigidos pelos funcionários. Nomeados pelo rei, os governadores das províncias podiam ser transferidos por ele para outras províncias, de acordo com sua vontade. Além das funções administrativas e judiciárias atribuídas também aos chefes dos distritos, os governadores cumpriam também a função de conselheiros do monarca.

Representação livre da capital Mbaza Congo inspirada numa ilustração da Description de l'Afrique publicada em 1686 por Dapper;
Os congoleses forjavam o cobre e faziam anéis, braceletes e crucifixos, este último servia de símbolo das funções de arbítrio e justiça do poder;
O trabalho de ferro era importante no Congo e os próprios reis e a nobreza em geral tinham orgulho em forjar ferramentas.
(Christian Maucler e Henri Moniot, *A história dos homens* — As civilizações da África, Paris, Lello & Irmão, 1987).

A estrutura militar do Congo era simples. O rei dispunha de uma guarda permanente composta principalmente de soldados estrangeiros, como os Teke e os Hum que, segundo hipóteses, eram pessoas capturadas. Não havia exército permanente, pois, em caso de guerra, cada funcionário territorial apelava aos chefes de suas aldeias que, por sua vez, mobilizavam todos os homens válidos nas zonas de concentração onde era formado o exército. Nessas condições, não era possível manter uma guerra prolongada, por falta de intendência, de tática e de estratégia militares.

As receitas do governo provinham dos impostos e do trabalho forçado. O tributo era pago em tecidos de ráfia, em marfim e em seres humanos capturados. Uma parte das receitas vinha também das taxas de alfândega, de multas judiciárias e da pesca real das conchas marinhas, nzimbu, na ilha de Luanda. A concha marinha, nzimbu, servia de moeda, e o rei tinha monopólio sobre sua produção e circulação. Um caso único nos reinos africanos.

Comparativamente às outras estruturas políticas africanas, a estrutura do Congo singulariza-se por uma característica muito importante: o grau elevado de centralização combinada com a liberdade que o soberano tinha para depor e substituir os funcionários ineficazes.

Quando, em 1482, Diego Cão e seus homens descobriram o reino do Congo, estava no trono o Manicongo Nzinga Kuvu. Depois de estabelecer contatos com Dom Manuel I, rei de Portugal por volta de 1487, o Manicongo lhe mandou seu embaixador, a fim de pedir técnicos, missionários, carpinteiros e pedreiros.

O embaixador viajou acompanhado de alguns jovens da corte do Manicongo, cuja educação o rei quis confiar às escolas portuguesas. À sua volta de Lisboa em 1491, o embaixador trouxe missionários, artesãos e exploradores que construíram a primeira igreja onde foram batizados o próprio Manicongo Nzinga Kuvu, sob o nome de João I, seus familiares e a maioria dos membros da nobreza.

Entre os familiares do rei, destaca-se seu filho Affonso I, que ocupou o trono em 1506, após a morte do pai. Logo empossado, Affonso I, católico convencido, empreendeu a obra de converter a nação inteira. Escreveu ao rei Manuel de Portugal, pedindo mais técnicos e missionários. Essa situação levou o rei Manuel a codificar um programa de cristianização e aculturação do Congo, num documento único de sua época chamado "Regimento", que seu embaixador levou ao rei do Congo em 1512.

Esse documento começava por afirmar que os reis católicos são irmãos e, consequentemente, Manuel ajudaria Affonso em sua obra de implantação da verdadeira fé em todo o reino. Figurava, entre outras disposições do documento, a presença do representante do rei de Portugal junto ao rei do Congo, acumulando as funções de embaixador, de conselheiro militar, de juiz e de conselheiro geral para a reforma da corte do Congo. O rei e toda nobreza deviam receber os títulos europeus, usar seus emblemas e seguir as regras da etiqueta portuguesa. O rei receberia também a autorização para expulsar do reino qualquer cidadão português que não levasse uma vida exemplar.

No entanto, o rei Manuel, que não era um idealista, deu-se conta do alto custo que tal programa exigia e solicitou que ficasse a cargo do próprio reino do Congo. Assim, pediu para seu embaixador que dissesse ao rei do Congo efetuar os pagamentos em moeda humana, em cobre ou marfim, para compensar as despesas ocasionadas pelas missões e pela educação em Portugal do filho do rei e de outros filhos da nobreza do Congo etc.

O plano de aculturação malogrou por conter muitos equívocos, pois a ajuda portuguesa estava condicionada à exploração econômica do Congo. O rei de Portugal reconheceu o rei do Congo como igual e tomou as providências para que Roma o reconhecesse também como tal e apressou Affonso para que enviasse seu filho para fazer ato de submissão ao Papa em nome do reino. Por outro lado, ele quis limitar a autoridade do rei em diversos planos. Quis ter todos os monopólios comerciais e instituir jurisdições especiais para os portugueses que viviam no Congo. No plano religioso, quis se atribuir todos os direitos sobre a conversão dos povos da África, direitos esses adquiridos pelo Tratado de Tordesilhas.

Os fatores externos devidos à penetração portuguesa, a luta entre holandeses e portugueses na qual se viu envolvido o Congo, as intrigas entre facções internas e as contradições no seio da própria sociedade desembocaram na dissolução do reino.

O Estado Zulu

O Estado Zulu localizava-se na região sudeste da África, entre as montanhas de Drakensberg e o Oceano Índico e cobria cerca de 200.000 km². Foi fundado por Chaca do grupo nguni que, no fim do século XVIII, tinha uma organização política relativamente pouco elaborada. Nascido entre 1783 e 1786, Chaca tomou o poder depois da morte do pai, em 1816, após ter vencido o conflito dinástico entre os possíveis herdeiros.

Logo instalado no trono, começou a operar grandes transformações na sociedade nguni. A sua primeira ação visou ao armamento, pois ele entendia que as armas deveriam se adaptar às novas táticas de guerra que passaram de escaramuças aos enfrentamentos, em grande escala. Assim, substituiu as armas antigas (lanças com cabo comprido) pelas novas (zagaia), que obrigavam os inimigos a fazer combates corpo a corpo.

Ele fez construir, em todo o país, arsenais onde eram depositadas as armas fabricadas por ferreiros exclusivamente colocados a serviço do exército. Para melhorar o desempenho de seus soldados, ele proibiu o uso de sandálias que, segundo pensava, tornava lento o deslocamento das tropas. Proibiu também o consumo de leite suspeito de tornar seus soldados pesados e recomendou o consumo de carne seca. Uma das reformas mais significativas do seu reinado foi a instituição de um exército permanente.

Mapa da África austral, situando a área ocupada pelo estado Zulu (John Middleton (editor), *Encyclopedia of Africa South of the Sahara*, New York, 1997, v. IV; South Africa: time runing out. The report of the Study Commission on U.S. Policy Toward Southern Africa, London, England: University California Press, 1981/George Duby, *Atlas historique*, Larousse-Bordas, 1996)

Contrariamente à sociedade tradicional nguni de seu pai, onde a atividade de guerra era circunstancial, Chaca mobilizou permanentemente uma parte da população, especializando-a nas artes da guerra e das armas. Reestruturou os regimentos herdados do pai constituídos de veteranos e os treinou para novas formas de guerra total e de longa duração. Mas visou essencialmente a juventude: os jovens eram alistados aos dezesseis anos de idade e recebiam uma rude formação militar durante dois ou três anos nos Kraal (nas casernas).

As mulheres tinham uma posição de destaque na concepção militar de Chaka. A história da África registra exemplos de mulheres soldados que carregavam armas e participavam diretamente dos combates. Um caso célebre é o das Amazonas no reino de Abomé. Mas no reino Zulu de Chaca, as mulheres serviam essencialmente no apoio e na organização do exército.

Um dos fundamentos da supremacia Zulu estava na sua tática e na sua estratégia militares. Ele introduziu métodos de guerra mais lógicos e sistemáticos. No plano tático, adotou uma formação de ataque em arco, num círculo, como a "cabeça do búfalo": as tropas eram divididas em quatro corpos, isto é, em duas alas que constituíam os chifres do búfalo e dois corpos centrais colocados um atrás do outro, como o formato da cabeça do búfalo.

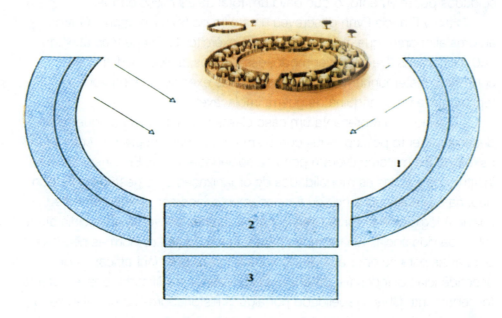

Técnica de guerra inventada por Tchaka, com a estratégia de ataque em "cabeça de búfalo" e redil de gado no centro de uma aldeia zulu.

Em matéria de estratégia, Chaca se distanciou da prática da guerra limitada e optou por uma guerra "total", marcada por uma tática denominada "terra queimada", cujo objetivo era criar um vazio completo em torno do inimigo.

No reino Zulu, observa-se uma imbricação entre a guerra, o poder e as práticas mágico-religiosas. Uma das preocupações de Chaca consistia na mobilização de todos os adivinhos, feiticeiros e outros oráculos, com a finalidade de determinar os momentos propícios à guerra, proteger seus soldados e, sobretudo, reforçar sua autoridade política e constituir-se numa legitimidade sobrenatural.

Os soldados eram a preocupação essencial de Chaca: as armas tipo lanças perdem eficácia perante a zagaia zulu (Christian Maucler e Henri Moniot, *A história dos homens* — As civilizações da África, Paris, Lello & Irmão, 1987).

Os testemunhos da época não são unânimes sobre a importância numérica do exército de Chaca. O explorador britânico Nathaniel Isaacs constatou dezessete regimentos equipados com escudos pretos e doze regimentos equipados com escudos brancos. Estimou em mil o número de soldados por regimento, o que dava um total de 29 mil soldados.

Henry Francis Fynn descreveu uma cifra de 50 mil homens. Outros autores afirmaram que, no seu apogeu, o exército de Chaca teria atingido 100 mil homens. De qualquer modo, essas cifras, apesar da falta de consenso, testemunham a importância desse exército que, na época, representava uma máquina de guerra implacável.

O reino Zulu representa um caso clássico da influência da guerra no desenvolvimento político: aqui, como em toda a África negra pré-colonial, as realidades militares tiveram peso na sociedade global. Elas inspiraram as instituições e todas as modalidades de organização e de gestão do Estado que, na sua essência e no seu funcionamento, aparece eminentemente militar. A lógica militar foi tão impregnante, tão implacável, que presidia até a rotina da vida social. Ela forneceu para a África Austral as normas necessárias e duráveis para se opor aos avanços da fronteira bôer (sul-africanos de ascendência holandesa) e britânica. O idealizador e edificador desse sistema foi certamente Chaca, apelidado por alguns historiadores como "Napoleão negro", comparado ao imperador francês Napoleão Bonaparte.

Império de Monomotapa

O reino de Monomotapa estendeu-se entre os rios Zambeze e Limpopo, num território hoje dividido entre Moçambique, África do Sul, Zimbábue e Malawi. A história desse reino teria começado provavelmente no século XI, com a chegada, no atual Zimbábue, dos xonas e dos comerciantes islamizados. Estes teriam apoiado o conquistador Ruozi numa guerra que resultou na formação de um grande império e uma única organização política, compreendendo os vastos territórios ladeados pelo Oceano Índico, pelos rios Zambeze e Limpopo e pelo deserto de Kalahari. Esse conquistador tomou o título de "Muene Mutapa" ou "Monomotapa", que literalmente significa "Senhor das Terras Arrasadas".

É numa das regiões desse império que foram erguidas dezenas de muros monumentais, construídos em pedras: os "Zimbábue", entre os quais o Grande Zimbábue, considerado como a mais grandiosa ruína da África. As primeiras construções datam do fim do século XII. Seus construtores foram os povos xonas, que tinham adquirido mestria na criação dos animais há vários séculos e possuíam grandes manadas de gado bovino.

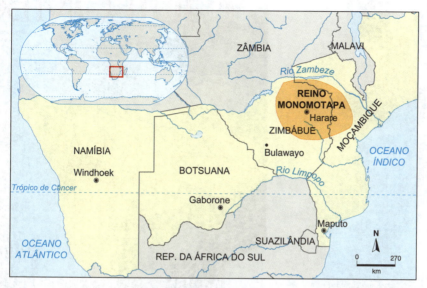

Mapa do continente africano localizando o Zimbábue e a Namíbia, situando a área ocupada pelo império de Monomotapa (John Middleton (editor), *Encyclopedia of Africa South of the Sahara*, New York, 1997, v. IV/ George Duby, *Atlas historique*, Larousse-Bordas, 1996)

Criadores hábeis e também comerciantes, os habitantes do império desenvolveram em grande escala as trocas com locais muito distantes. Mandavam vir os tecidos do Zambeze, cobre das regiões mais ao norte e também do ultramar pelo porto de Sofala; têxteis, pérolas e porcelanas da China. Em troca, exportavam marfim e, sobretudo, ouro. Com a ofensiva colonial que aniquilou o império de Monomotapa no século XIX, seus antigos territórios voltaram a ser divididos em diversos reinos.

Ilustrações de ruínas do Grande Zimbábue que englobam três conjuntos: os vestígios do vale, a "Acrópole" e a "Grande Muralha" e pássaros em esteatite, que guardavam as entradas, plataformas e muralhas do Grande Zimbábue (Christian Maucler e Henri Moniot, *A história dos homens — As civilizações da África*, Paris, Lello & Irmão, 1987).

3• A resistência negra no regime escravista

Durante muitos anos, no Brasil, acreditou-se que o africano escravizado sofreu de maneira passiva todos os maus-tratos praticados pelos senhores. Essa crença interferiu e interfere, ainda hoje, no imaginário construído em nossa sociedade a respeito dos nossos antepassados africanos e dos seus descendentes na atualidade: os negros e as negras brasileiras.

É importante que saibamos qual a origem desse tipo de crença e como ela interfere na visão que temos sobre as pessoas negras e no modo como nos relacionamos com elas. Além de influir em nossas vidas das mais variadas formas, essa visão também tem efeitos na construção da auto-estima e da identidade tanto das pessoas negras como das brancas.

Na realidade, a crença na passividade do africano escravizado no Brasil, na indolência, preguiça e de seu conformismo diante da escravidão trata-se de um equívoco histórico.

Alguns fatores contribuíram e ainda contribuem para que tal equívoco persista entre nós. Dentre vários, destacamos alguns:

a) a existência do racismo em nossa sociedade, produzindo e disseminando uma visão negativa sobre o negro. Expressões marcantes do racismo podem ser percebidas nas piadas racistas formuladas no dia a dia e na associação que muitas pessoas fazem entre negro e criminalidade; negro e pobreza; negro e sujeira, dentre outras;

b) o desconhecimento de uma grande parte da sociedade brasileira, até mesmo de intelectuais, sobre os processos de luta e organização dos africanos escravizados e dos seus descendentes durante o regime escravista. É muito comum ouvirmos as pessoas atribuírem, de maneira equivocada, a longa duração da escravidão a um comportamento passivo e resignado dos negros ou demonstrarem total ignorância sobre as revoltas escravas e movimentos de luta após a escravidão. Há também uma falta de conhecimento sobre as ações do movimento negro na atualidade;

c) a falta de divulgação de pesquisas e livros que recontam a história do negro brasileiro, destacando-o como sujeito ativo e não como vítima da escravidão e do passado escravista. Basta pensar quantas vezes ouvimos ou lemos sobre líderes negros que atuaram nos movimentos de luta durante e após a escravidão; quantas vezes participamos de debates com pesquisadores negros e brancos sobre a participação ativa dos negros no Brasil, ou ainda, quantos documentários e programas informativos sobre esta temática são veiculados na televisão e outros meios de comunicação;

d) a crença de que no Brasil não há racismo e de que os diferentes grupos étnico-raciais aqui existentes, nos quais está incluído o segmento negro, viveram uma situação mais branda de exploração e escravidão quando comparados com a realidade de outros países. Ao fazer essa afirmação equivocada muitas pessoas costumam comparar a situação racial no Brasil com a de outros países, em diferentes épocas, nas quais as pessoas negras viviam em regime de segregação, separadas dos brancos em territórios, bairros ou guetos, sem usufruir dos mesmos direitos e não podendo conviver nos mesmos espaços que os brancos. Para superar essa visão romântica e deturpada é preciso lembrar que toda e qualquer forma de racismo é perversa. Sendo assim, qualquer conjunto de ideias e práticas que considere um grupo racial como superior e outro como inferior deve ser combatido.

Há outros fatores que poderiam ser considerados, destacamos aqueles que consideramos principais para o estudo e a compreensão da presença africana no Brasil.

Passando em revista a história do negro no Brasil, descobriremos que esta não significou passividade e apatia, mas, sim, luta e organização. Para compreendermos as estratégias e as formas de luta que foram criadas, é preciso considerar o momento histórico em que o africano escravizado vivia e o que significava ser negro e escravo no Brasil colônia. Nesse sentido, quando pensamos a situação dos escravizados e dos libertos, também temos que considerar o tipo de sociedade existente naquele momento e as possibilidades desses sujeitos diante de um contexto que não previa nenhum tipo de integração e inserção social tanto dos escravizados como dos libertos na sociedade dos homens livres.

Essas ponderações são necessárias para que não se cometa o erro de querer encontrar nas formas e organizações negras que existiram durante a escravidão o mesmo tipo de luta e organização dos movimentos sociais dos dias atuais. Afinal, já se passaram mais de quatro séculos. Por isso, é importante considerar que, diante dos limites impostos ao africano escravizado e seus descendentes, os esforços desses sujeitos na luta pela sua libertação representam um sentimento de coragem e indignação diante da escravidão, e não de apatia ou passividade.

A esse processo de luta e organização negra existente desde a época da escravidão, podemos chamar de resistência negra. Várias foram as formas de resistência negra durante o regime escravocrata. Insubmissão às regras do trabalho nas roças ou plantações onde trabalhavam — os movimentos espontâneos de ocupação das terras disponíveis, revoltas, fugas, abandono das fazendas pelos escravos, assassinatos de senhores e de suas famílias, abortos, quilombos, organizações religiosas, entre outras, foram algumas estratégias utilizadas pelos negros na sua luta contra a escravidão.

Capoeira na década 1930-1940 (Edilson Carneiro) e Fuga de Escravos, de François Auguste Biardi (1859, Óleo sobre tela, 33 x 52 cm, coleção particular), Negro de corpo e alma, Black and body and soul, Mostra do Redescobrimento, 2000).

Essas formas de organização negra revelam que os africanos escravizados no Brasil e seus descendentes eram homens e mulheres, crianças, jovens, adultos e velhos, integrantes de diferentes etnias, produtores de cultura. Por mais humilhante e opressor que tenha sido o regime da escravidão, ele não conseguiu roubar a humanidade dessas pessoas. Sendo assim, temos que deixar de ver o negro que viveu sob o regime da escravidão como "naturalmente escravo", como alguém que nasceu para servir. O que aconteceu é que a ele foi imposto o regime da escravidão que o obrigou a viver durante séculos sob a condição de escravo. E isso faz toda a diferença!

Mas como podemos saber da existência dessas estratégias de luta se nossos antepassados escravizados já morreram? E os poucos negros que ainda viveram uma parte do regime escravista estão muito velhos para relatar todos esses fatos? E ainda, se a leitura e a escrita não era de domínio de todos os negros escravizados, há registros e documentos sobre essas estratégias? Quem os escreveu e como foram documentados? É nesse momento que as pesquisas realizadas por historiadores, antropólogos, sociólogos, linguistas e escritores autodidatas nos ajudam a conhecer mais sobre essa história.

Neste capítulo, destacaremos algumas dessas formas de resistência negra. Este é um percurso histórico longo e, por isso, abordaremos alguns processos que consideramos mais significativos para ampliar nosso conhecimento a esse respeito. Para saber mais é importante pesquisar a bibliografia desse livro e buscar informações em diferentes fontes como sites, filmes nacionais, documentos, em exposições artísticas e em museus, entre outras.

Quilombos

Costuma-se pensar o quilombo como "refúgio de negros escravos fugitivos". De onde vem então essa ideia? Trata-se de uma formulação que vem desde o período escravista. De acordo com o historiador Clóvis Moura, em 1740, o Conselho Ultramarino, órgão colonial responsável pelo controle central patrimonial, considerava quilombo "toda habitação de negros fugidos que passem de cinco, em parte despovoada, ainda que não tenham ranchos levantados nem se achem pilões neles". Apesar de terem se passado centenas de anos, essa ideia distorcida de quilombo ainda permanece entre nós. Insistir em tal conceito significa negar ou tornar invisível o verdadeiro sentido e a história dos quilombos.

A palavra kilombo é originária da língua banto umbundo, falada pelo povo ovimbundo, que se refere a um tipo de instituição sociopolítica militar conhecida na África Central, mais especificamente na área formada pela atual República Democrática do Congo (antigo Zaire) e Angola. Apesar de ser um termo umbundo, constitui-se em um agrupamento militar composto pelos jaga ou imbangala (de Angola) e os lunda (do Zaire) no século XVII.

Mapa do continente africano com a localização da República Democrática do Congo e Angola (John Middleton (editor), *Encyclopedia of Africa South of the Sahara*, New York, 1997/ George Duby, *Atlas historique*, Larousse-Bordas, 1996)

Segundo alguns antropólogos, na África, a palavra quilombo refere-se a uma associação de homens, aberta a todos. Os membros dessa associação eram submetidos a rituais de iniciação que os integravam como coguerreiros num regimento de super-homens invulneráveis às armas inimigas.

Existem muitas semelhanças entre o quilombo africano e o brasileiro, formados mais ou menos na mesma época. Sendo assim, os quilombos brasileiros podem ser considerados como uma inspiração africana, reconstruída pelos escravizados para se opor a uma estrutura escravocrata, pela implantação de uma outra forma de vida, de uma outra estrutura política na qual se encontraram todos os tipos de oprimidos.

O processo de aquilombamento existiu onde houve escravidão dos africanos e seus descendentes. Em todas as Américas há grupos semelhantes, porém, com nomes diferentes, de acordo com a região onde viveram: cimarrónes em muitos países de colonização espanhola, palenques, em Cuba e Colômbia, cumbes na Venezuela e marroons na Jamaica, nas Guianas e nos Estados Unidos.

Nesse sentido, podemos entender o quilombo não só como uma instituição militar da África Central, mas, principalmente, como uma experiência coletiva dos africanos e seus descendentes, uma estratégia de reação à escravidão, somada da contribuição de outros segmentos com os quais interagiram em cada país, notoriamente alguns povos indígenas.

Essa definição de quilombo (ou mocambo, como alguns costumam chamá-los) nos mostra um aspecto da resistência negra que nem sempre é discutido por nós em nosso cotidiano.

Inúmeros quilombos foram constituídos no século XIX, principalmente nas décadas finais do período escravista. Seus habitantes eram chamados de quilombolas, mocambeiros ou calhambolas e foram perseguidos pelos senhores de escravos e pelo aparato militar colonial e imperial onde quer que estivessem. Alguns quilombos conseguiram sobreviver durante muitos anos mesmo durante a escravidão. Geralmente, foram aqueles que se localizavam em áreas de maior isolamento e outros que mantiveram relação de aliança com índios, brancos pobres e demais grupos da população. Em alguns casos, essas duas estratégias podem ter acontecido ao mesmo tempo.

Nesse sentido, quilombo não significa refúgio de escravos fugidos. Tratava-se de uma reunião fraterna e livre, com laços de solidariedade e convivência resultante do esforço dos negros escravizados de resgatar sua liberdade e dignidade por meio da fuga do cativeiro e da organização de uma sociedade livre. Os quilombolas eram homens e mulheres que se recusavam viver sob o regime da escravidão e desenvolviam ações de rebeldia e de luta contra esse sistema.

O tamanho dos quilombos variava muito desde os acampamentos de alguns fugitivos às povoações com milhares de moradores. O quilombo do Ambrósio, em Minas Gerais, comportava milhares de habitantes quando foi destruído em 1746 (um autor calcula um número de 10 mil) e o quilombo Grande Mineiro provavelmente continha mais de mil pessoas quando foi atacado em 1759. O maior de todos foi o quilombo de Palmares, em Alagoas. Como veremos mais à frente, Palmares não era apenas um, mas uma série de doze ou mais quilombos, alguns de grande tamanho, organizados em reino ou em confederação florescente no fim do século XVII. Calculou-se que havia ali entre 20 mil e 30 mil pessoas.

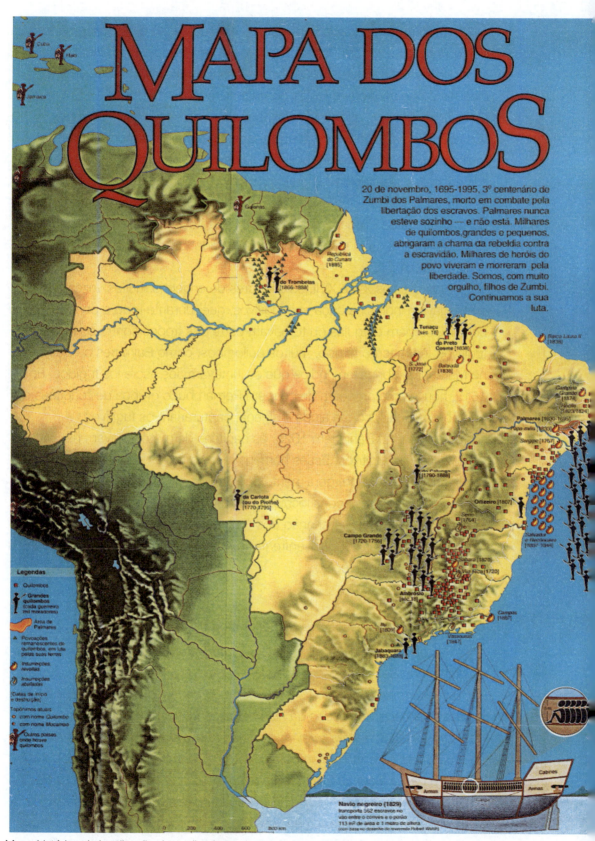

Mapa histórico da localização dos quilombos

Havia uma variedade considerável na localização e na economia interna dos quilombos. Embora Palmares estivesse localizado em um local distante e de difícil acesso, muitos quilombos existiam na proximidade de vilas e cidades ou de centros agrícolas ou de mineração.

Os quilombos muitas vezes sobreviviam do saque dos engenhos, fazendas e povoações onde seus integrantes iam buscar comidas, armas e mulheres. Os contatos entre quilombolas e contrabandistas ou com escravos e libertos das vilas e cidades eram comuns, e os proprietários de escravos temiam essa relação. Algumas descrições de quilombos mencionam terras cultivadas, teares e forjas, mas, na maior parte dos casos, a economia do quilombo era, pelo menos, em certa medida, baseada no saque da sociedade colonial.

Nos séculos XVI e XVII, os senhores de engenho muitas vezes empregavam índios na caça aos fugitivos, que, durante todo o período colonial, serviam de guias ou tomavam parte das tropas contra os escravos fugitivos. Ao mesmo tempo, muitos quilombos, como Palmares ou do Piolho, no Maranhão, abrigavam índios que se juntavam aos escravos fugidos. Em 1612, houve uma proposta de criar em Pernambuco grupos de "capitães do campo", os quais, com a ajuda indígena, capturariam os fugitivos.

Também na Bahia, em 1625, os capitães do mato atuavam na perseguição de fugitivos. Esses homens recebiam uma quantia fixa por cada fugitivo capturado, geralmente paga pelo proprietário do escravo. Embora houvesse variações locais, esse sistema de recompensas estava generalizado em 1676. A criação dos "capitães do campo" estendeu-se a Minas Gerais, em 1719, para enfrentar o rápido crescimento de quilombos ou esconderijos naquela região.

Quilombos ou remanescentes de quilombos?

Na opinião do antropólogo Alecsandro Ratts (2000), a discussão sobre quilombos no Brasil é longa e complexa. Entre os anos 70 e 80, do século XX, o conceito de quilombo foi recolocado no contexto nacional da abertura política que inspirou revisões da história nacional e regional, de "descoberta" das comunidades negras rurais e de constituição do movimento negro da atualidade. O termo quilombo amplia-se e ganha um sentido político e jurídico e passa a ser usado para se referir às comunidades negras rurais e às terras em que viviam. Essa mobilização política, em que estiveram envolvidos militantes e parlamentares negros, teve como ápice a publicação na Constituição de 1988 de um item e um artigo que se referem a quilombos.

Art. 216 – Inciso V, § 5º – Ficam tombados todos os documentos e os sítios detentores de reminiscências históricas dos antigos quilombos.

Disposições Transitórias – Art 68. Aos remanescentes das comunidades de quilombos que estejam ocupando suas terras é reconhecida a propriedade definitiva, devendo o Estado emitir-lhe os títulos específicos.

A partir da mobilização regional empreendida pela expectativa provocada pelo artigo 68 da Constituição, algumas comunidades negras rurais emergem como "remanescentes de quilombo": Frechal (MA), Rio das Rãs (BA), Kalunga (GO), Furnas da Boa Sorte e Furnas de Dionísio (MS), Conceição das Crioulas (PE), Mimbó (PI) e outras.

Mas os antropólogos alertam: essa utilização ampla do conceito de quilombo e de remanescente de quilombo merece ser discutida com cuidado, pois pode causar uma certa mistura e confusão conceitual que pretende dar conta da diversidade de formas de acesso à terra e das formas de existir das comunidades negras do campo. É preciso então tomar cuidado, pois um conceito muito amplo de quilombo, usado política e juridicamente, corre o risco de ser generalizador de uma realidade que é historicamente diversa e particular.

O quilombo de Palmares

Para contarmos um pouco da história de Palmares, é necessário nos reportar a vários estudos e pesquisas já realizados por historiadores, antropólogos e outros especialistas. Gostaríamos de destacar a contribuição de dois livros intitulados Zumbi. Um deles escrito pelo historiador Joel Rufino dos Santos, em 1985, e outro pelo filósofo e historiador Marcos Antônio Cardoso e pela antropóloga Maria de Lourdes Siqueira, em 1995. É a partir desses dois livros que abordaremos a história de Palmares.

Um pouco da história de Palmares

Nas terras de Alagoas, limitando-se com os confins de Pernambuco, grupos de escravos desenvolveram uma dinâmica de troca, de trabalho e de estrutura social que revivia a organização social tradicional de antigos reinos africanos: Congo, Angola, Benguela, Cabinda. Nesse processo, alianças e costumes eram restabelecidos e os chefes de grupos reuniam--se periodicamente em conselhos para decidir a vida em coletividade com a participação de todos.

Como será que tudo isso começou? No ano de 1595 quarenta escravos fugiram, à noite, de um engenho no sul de Pernambuco. Esses escravos estavam armados de foices, chuços e cacetes e caminharam vários dias de manhã à noite contornando lugares de difícil acesso até chegarem a um local onde se sentiram seguros. É assim que, na visão de alguns historiadores, começa a história de Palmares.

Esse lugar encontrado pelos fugitivos era muito estratégico, pois lhes possibilitava uma visão ampla do que estava ao redor. De lá, podiam ver com clareza quem viesse de qualquer lugar, podiam ver o mar e as lagoas que demarcavam este território. A terra daquele local era vermelho-escura com muita água correndo sobre as pedras e havia muitas palmeiras conhecidas da África. É nesse local que nasce o quilombo de Palmares.

Mapa dos estados de Alagoas e Pernambuco com localização em Palmares (Istoé Brasil 500 anos. *Atlas Histórico*. Grupo de Comunicação Três S/A, 1998).

No início foram poucas pessoas, mas o número foi crescendo até tornarem-se uma comunidade de 30 mil aquilombados, entre homens, mulheres e crianças. Os negros de Palmares estabeleceram o primeiro Estado livre nas terras da América, um Estado africano pela forma como foi pensado e organizado, tanto do ponto de vista político quanto militar, sociocultural e econômico.

No alto de uma serra imponente chamada, até hoje, de Serra da Barriga, havia um lugar rico em vegetação e alimento (com frutas, animais de caça e pesca). Seus moradores a chamavam de Angola Janga, que significa, na língua quimbundo, "Angola Pequena". Palmares dominava uma área territorial equivalente a um terço de Portugal.

Na realidade, Palmares não era um único quilombo. Ele era constituído de vários quilombos formando uma verdadeira fortaleza. Cercados por armadilhas, fossos, muralhas de estacas e protegidos por contracercas ou paliçadas espessas, só era possível chegar ao seu interior através dos portões voltados para os pontos cardeais.

O número de casas e ruas podia variar de um quilombo para outro, mas todos possuíam uma Casa do Conselho, um templo, cisternas, oficinas de ferreiro e olarias, além das roças e plantações localizadas fora das contracercas ou paliçadas e guardadas por vigias. As casas eram feitas de barro, provavelmente com telhados feitos de folha de palmeira. As ruas eram largas, longas e retas, à maneira africana.

Havia quilombos móveis (construídos para ser abandonados rapidamente no caso de um ataque) e povoados fixos (erguidos como cidadelas fortificadas, prontas para resistir aos ataques, como o quilombo de Macaco).

Nas questões vitais para todos que viviam em Palmares, o grande chefe tinha que respeitar a opinião do Conselho, formado pelos líderes de cada aldeia e respectivos cabos de guerra. Os líderes das aldeias eram eleitos pelo conjunto de moradores de cada uma delas e tinham completa autonomia na sua área. Só os ministros e cabos de guerra eram nomeados pelo chefe, depois de ouvido o Conselho.

Além da agricultura, cujo principal alimento produzido era o milho, colhido duas vezes por ano, plantavam-se, em Palmares, mandioca, feijão, batata-doce, cana-de-açúcar, banana e legumes diversos. Outro produto importante era a pindoba, uma espécie de palmeira. De seu fruto se extraía óleo para iluminação e da amêndoa se produzia um azeite muito fino e também manteiga. As folhas cobriam as casas e eram usadas para fazer cestos, cordas e outros utensílios. Os palmarinos aproveitavam a riqueza e fertilidade da terra e dos seus produtos tanto nos afazeres da sua vida cotidiana como na manutenção da sua segurança e na produção de alimentos.

Palmares também possuía oficinas, forjas e olarias que produziam utensílios de metal, cerâmica e madeira. Mas a maioria da população trabalhava nas plantações. Em Palmares, a terra era de propriedade coletiva, e os trabalhadores tinham direito a uma parte do que produziam.

A sociedade se dividia de acordo com o trabalho. Existiam quatro classes: agricultores, artesãos, guerreiros e funcionários. Os funcionários dividiam-se em: administrativos (que cuidavam da coleta dos excedentes como imposto), judiciários (que aplicavam as leis e puniam os delitos) e militares (que treinavam e mobilizavam as tropas para cuidar da segurança e de uma rede de espiões).

O português parece ter sido o idioma mais comum em Palmares, talvez pela necessidade de agregar negros de diversas culturas. No início dos quilombos, as mulheres eram raras, o que motivou o sequestro de moças livres e escravas. Não se tem registro sobre os trabalhos que as mulheres realizavam. Provavelmente, trabalhavam nas roças, na fabricação de potes e cestos.

Não existem muitos registros sobre as mulheres envolvidas em atividades militares, mas algumas figuras femininas assumiram grande importância política na história de Palmares, como Acotirene, uma mulher que liderou um quilombo.

A sociedade e a economia do quilombo de Palmares representava uma ameaça ao governo colonial, afinal, nesse local a terra e o resultado do trabalho coletivo pertenciam a todos e não a alguns e ricos senhores de engenho. Além disso, no seu interior vivia-se e respirava-se liberdade, o que era inaceitável para a sociedade escravista da época.

O Quilombo de Palmares durou um século. Um século de coragem e luta contra a escravidão. Nesse longo período, enfrentou tempos de paz e guerra.

O contexto histórico e político

Sabemos que o Brasil não foi o único país da América a adotar o regime escravista. Por isso, podemos incluir o processo de escravidão aqui desenvolvido dentro de um contexto maior chamado escravidão afro--americana moderna.

A escravidão afro-americana moderna desempenhou um importante papel no desenvolvimento do sistema econômico capitalista mundial. Foi o negro escravizado que criou, com o seu trabalho, a grande massa de artigos tropicais vendidos na Europa durante três séculos, enriquecendo as classes dominantes do Brasil e de outros países. Com o trabalho escravo e com a compra e venda de africanos, a Europa colocou-se na dianteira da civilização ocidental também por três séculos. Podemos afirmar que, sem o trabalho escravo, certamente a história teria acontecido de uma outra maneira.

Negros escravizados trabalhando nas lavouras de cana no século XIX (Marc Ferrez, Fotografia em preto e branco, 30 x 40 cm, coleção particular, Negro de corpo e alma, Black and body and soul, Mostra do Redescobrimento, 2000).

O açúcar brasileiro, naquela época, comprado pela Europa, era produzido em grande quantidade, graças ao trabalho dos africanos escravizados. O Brasil entregava açúcar e recebia o valor da venda em escravos. Os holandeses foram um dos maiores vendedores de escravos. Portugal e Holanda eram sócios na exploração do Brasil e da África. Porém, em 1580, a Espanha se apoderou de Portugal e dos seus domínios. A Holanda, aliada comercial de Portugal e inimiga da Espanha, teve os seus negócios ameaçados e acabou perdendo suas vantagens econômicas com o comércio do açúcar brasileiro. Dessa forma, a Holanda decidiu invadir o Brasil, ocupando à força algumas cidades na Bahia e em Pernambuco. Em 1624 os navios de guerra holandeses aportaram em Salvador e, em 1630, em Recife. Nesse período, João Maurício de Nassau foi enviado para governar o novo território holandês e se estabeleceu em Recife.

Para enfrentar os holandeses, que foram expulsos em 1654, os portugueses ofereceram a liberdade (ou alforria) aos escravizados que lutassem contra os invasores. Muitos deles aproveitaram essa situação e, ao invés de lutar, fugiram para Palmares. Mas outros, como Henrique Dias, tornaram-se heróis na luta contra os holandeses e participaram de expedições de ataques aos quilombos.

Por que será que, sendo negro, Henrique Dias escolheu esse caminho? Antes mesmo de responder devemos considerar que ele não o escolheu sozinho. Quando começou a guerra, Henrique Dias se apresentou, à frente de um número significativo de pretos, alguns já libertos, ao comandante da resistência, general Matias de Albuquerque, pois queriam combater por Pernambuco. O batalhão de pretos, aumentando e diminuindo de acordo com a violência dos combates, ficou conhecido como "Os Henriques", lutando até o último dia da guerra. Nesse processo sangrento, Henrique Dias foi ferido oito vezes e ganhou fama de supercombatente, depois que perdeu a mão esquerda, na Batalha de Porto Calvo.

Até a independência, existiu no Brasil um conjunto de tropas militares exclusivamente de soldados e oficiais pretos, chamados "Henriques", e isso foi, sem dúvida, o maior reconhecimento à personalidade de Henrique Dias.

Henrique Dias possuía alguma instrução e escrevia muito bem. No entanto, negros como ele, libertos, corajosos e letrados não tinham qualquer chance na sociedade colonial escravista. Moço Fidalgo, Mestre de Campo, Cavaleiro da Ordem de Cristo, Cabo e Governador dos Crioulos, Negros e Mulatos do Brasil – foi o mais famoso negro a lutar pelos senhores brancos contra o invasor holandês. Esses títulos chiques, uma aposentadoria e um retrato na galeria dos "heróis da Pátria" foram a sua recompensa.

Ele se ofereceu diversas vezes, por volta de 1640, para lutar contra quilombos do interior da Bahia (nessa época, a sua tropa mais a de índios estavam alojadas em quartéis em Salvador, já que os holandeses haviam tomado Pernambuco). Naqueles anos ele fez com seus soldados pretos uma expedição contra os negros de Palmares. Porém, foi derrotado.

Qual a relação que podemos encontrar entre Henrique Dias e os guerreiros de Palmares? O historiador Joel Rufino dos Santos nos ajuda a responder essa questão. Henrique Dias e seus companheiros podem ser vistos como o contrário dos negros quilombolas, pois serviram, de maneira zelosa, aos senhores coloniais até mesmo combatendo os negros que se rebelaram contra a escravidão – de que eram todos vítimas –, inclusive o próprio liberto Henrique Dias.

Henrique Dias (Coleções Caros Amigos – *Rebeldes Brasileiros* – Homens e Mulheres que desafiaram o poder, São Paulo, Casa Amarela, n. 2, sem data).

Mas, afinal, quem foi Henrique Dias?

Henrique Dias era um dos negros combatentes. Ele foi escravo e, provavelmente, tentava conseguir a alforria mediante participação na guerra. Não se sabe o nome de sua mulher, mas sabe-se que ele constituiu família e o casal teve quatro filhas, três delas nascidas após 1636. Ao longo das lutas, esse homem negro, descendente de angolanos e nascido no Brasil, se destacaria de forma extraordinária; pela sua engenhosidade militar, sua coragem pessoal e pela sua mutilação física nas batalhas. O que moveria Henrique Dias nesse laço tão estreito com os senhores brancos? Isso não era uma contradição? Um negro lutando a favor dos senhores brancos?

Na opinião do historiador Luiz Geraldo Santos da Silva, certamente, foram duas as principais motivações: a condição de católico fervoroso, combustível essencial para aquilo que era uma espécie de combate santo contra o holandês protestante e a possibilidade de obter alforria e uma certa ascensão social, o que a carreira militar costumava proporcionar. Essas duas possibilidades compõem a personagem meio misteriosa de Henrique Dias. Podemos ver nas suas ações um misto de submissão e contestação, identidade africana e aceitação do poder branco, a lealdade com os negros e em vista de muitos episódios que marcam a sua vida – a tirania contra os mesmos negros.

A luta de Henrique Dias rendeu-lhe frutos os quais alcançaram outros negros. Estamos nos referindo a certas prerrogativas políticas importantes para a época, como a criação de corpos militares com hierarquia própria formados por negros denominados terços dos Henriques (em homenagem a Henrique Dias), que se instituíram em toda a América portuguesa. É claro que existe, nesse caso, mais uma complexidade: essas formações serviam aos governos das capitanias e ao império português para manutenção do domínio branco e do escravismo, mas, por outro lado, reforçou a identidade dos negros, reunindo-os em um coletivo e possibilitou a inspiração destes em prol da liberdade ou de um lugar melhor na sociedade.

Apesar da bravura e participação em guerra como a Batalha dos Guararapes em fevereiro de 1649, Henrique Dias continuava a ser discriminado pelos senhores brancos. Sobre isso se queixou ao rei, em longa carta de agosto de 1650. Depois de janeiro de 1654, quando os holandeses já tinham sido expulsos de Pernambuco e se deu a ocupação portuguesa no Recife, Henrique Dias inicia um longo processo de reconhecimento dos trabalhos por ele prestados à Coroa. Por volta de março, escreve uma carta a Dom João IV, pedindo permissão para ir a Lisboa e pedir os benefícios prometidos ao longo da guerra e até então adiados. O rei concede a ele a comenda dos Moinhas de Soure, da Ordem de Cristo. D. João prometeu ainda terras em Pernambuco e dois mil cruzados em dinheiro empregados em cousas para repartir por seus soldados. Porém, o Conselho Ultramarino, instância administrativa máxima para as colônias portuguesas, não despachou acerca da concessão do hábito da Ordem de Cristo, nem mesmo autorizou a viagem de Henrique Dias a Lisboa.

Pelo menos algumas terras ele obtivera. Contudo, a remuneração prometida em carta do rei nunca foi recebida. Por isso, ele foi até Lisboa em março de 1656, mesmo à revelia do Conselho Ultramarino. Escreveu nova carta ao rei, do próprio punho, solicitando o recebimento da sua remuneração, mas o rei D. João IV veio a falecer em 6 de novembro de 1656. Henrique Dias, sabedor das dificuldades por ser negro, abriu mão de vários pontos da sua recompensa, renunciando definitivamente às instituições brancas e assim teve seu pedido aceito pelo Conselho Ultramarino, embora ainda mais restrito.

Henrique Dias voltou de Lisboa no primeiro semestre de 1658. Em 7 ou 8 de junho de 1662, morreu pobre e esquecido. Foi enterrado no Convento de Santo Antônio do Recife, às expensas da Real Fazenda, em local desconhecido.

Henrique Dias viveu as tensões e repulsas dos escravos que ele ajudou a caçar. Ao mesmo tempo, para alguns, serviu de padrão e de orgulho racial. Do poder dos homens brancos que defendeu a ponto de ter o corpo mutilado, muito pouco ele e sua família receberam no final.

(Coleções Caros Amigos – *Rebeldes Brasileiros* – homens e mulheres que desafiaram o poder. Henrique Dias e Antônio Conselheiro. São Paulo: Casa Amarela, n. 2, p. 34-47, sem data.)

Para além de concordar ou discordar da postura de Henrique Dias e do seu "amor à terra", defendendo o Brasil dos ataques holandeses, é importante considerar que os negros, mesmo vivendo sob o regime da escravidão e sendo tratados como coisa, eram seres humanos e enquanto tais faziam escolhas pessoais e políticas dentro dos limites impostos pela sociedade escravista. Sendo assim, é possível a existência de personalidades negras com posições que podemos considerar contraditórias não só naquela época mas, também, nos dias atuais.

Pensar que todos os negros escravizados ou libertos que viveram sob a égide da escravidão subvertiam a ordem escravocrata é, na realidade, romantizar as relações, tensões, contradições e lutas existentes nesse momento histórico. Assim como pensar que, atualmente, todos os negros que vivem no Brasil possuem a mesma opinião sobre a existência do racismo e constroem o mesmo tipo de consciência racial é também romantizar a complexidade do que é "ser negro no Brasil". Podemos incorrer ainda no risco de sermos preconceituosos ao exigir desse sujeito o que jamais solicitamos para as pessoas de outros grupos étnicos do nosso país.

Voltando a Palmares: o garoto Francisco e Ganga Zumba

Com o fim da guerra contra os holandeses no Brasil, a economia açucareira voltou a crescer, assim como o comércio de escravos e também as fugas para Palmares. Por isso, nas décadas seguintes, Palmares atingiria o seu auge. O quilombo resistiu a 27 guerras e destruição, lançadas pelos portugueses e também pelos holandeses que invadiram e ocuparam, por longo tempo, o território de Pernambuco.

Ao mesmo tempo, devido aos altos preços dos escravos, os senhores de engenho voltaram a organizar expedições para a captura de negros em Palmares. Numa delas, um menino nascido em Palmares foi capturado ainda recém-nascido junto com outros negros adultos por Brás da Rocha, que atacou o quilombo em 1655. Brás o entregou, como era do contrato, ao chefe de uma coluna e este resolveu fazer um presente ao padre português Antônio Melo, do distrito de Porto Calvo. O padre o batizou e deu-lhe o nome de Francisco e logo se afeiçoou àquela criança. Padre Melo achava Francisco uma criança inteligente e lhe ensinou português, latim e religião.

Numa noite de 1670, ao completar quinze anos, Francisco fugiu para Palmares. Quando voltou, encontrou tudo muito diferente.

Reprodução de Zumbi dos Palmares (Antônio Parreiras, Óleo sobre tela, 113 x 86 cm, Acervo do Governo do RJ, Niterói, RJ, Negro de corpo e alma, Black and body and soul, Mostra do Redescobrimento, 2000).

Palmares era um conjunto de povoados, com uma extensão de mais de seis mil quilômetros quadrados. Macaco, a capital, na Serra da Barriga, Amaro, Serinhém, Subupira, Osenga, Zumbi, Agualtune e Acotirene, Tabocas, Danbraga, Andalaquituche, Magano, Curiva, Congono, Cacau, Pedro Capacaça, Giloange, Una, Caatingas, Engana-Colomim. Eram trinta mil quilombolas, governados por Ganga Zumba, um negro que chegou a Palmares no tempo em que Pernambuco estava sob o domínio holandês.

Sob o comando de Ganga Zumba, as aldeias palmarinas tornaram-se um Estado livre. Firmaram um pacto militar, ponto de partida para a formação de um exército que garantiria a segurança das pessoas que lá viviam. As lideranças foram organizadas num conselho geral que o elegeram – Ganga Zumba – chefe de todos os palmarinos.

E Francisco se transformou em Zumbi dos Palmares...

Zumbi, comandante guerreiro
Ogunhê, ferreiro-mor capitão
Da capitania da minha cabeça
Mandai alforria pro meu coração
Minha espada espalha o sol da guerra
Rompe mato, varre céus e terras
A felicidade do negro é uma felicidade guerreira
Do maracatu, do maculelê e do moleque bamba
Minha espada espalha o sol da guerra
Meu quilombo incandescendo a serra
Tal e qual o leque, o sapateado do mestre-escola-de-samba
Tombo de ladeira, rabo de arraia, fogo de liamba
Em cada estalo, em todo estopim, no pó do motim
Em cada intervalo da guerra sem fim
Eu canto, eu canto, eu canto, eu canto, eu canto assim
A felicidade do negro é uma felicidade guerreira
Chica da, Chica da, Chica da, Chica da Silva a negra
A felicidade do negro...
Brasil, meu Brasil brasileiro
Meu grande terreiro, meu berço e nação
Zumbi protetor, guardião, padroeiro
Mandai a alforria pro meu coração

[Música: Zumbi, a felicidade guerreira, de Gilberto Gil, Wally Salomão. Citação: Chica da Silva (Jorge Benjor).]

Em Palmares, Francisco recebeu um novo nome e se tornou sobrinho de Ganga Zumba, na concepção africana de família.

Mas por que os escravos que fugiam mudavam de nome? Para os povos sem escrita, como era a maioria dos africanos trazidos para o Brasil, e os indígenas, naturais daqui, o nome é algo absolutamente vital. O historiador Joel Rufino dos Santos nos conta que, em Senegâmbia, uma criança só era considerada gente depois que seu pai lhe gritava ao ouvido, no meio do mato, o nome que lhe queria dar. No Daomé, entre os povos que falavam a língua fon, uma pessoa ia mudando de nome ao longo da vida – quando se fazia homem, ou mulher, quando se casava, quando era nomeada para um cargo importante, quando realizava uma façanha militar etc.

··· **84** >

Nesse contexto, podemos entender melhor o que os traficantes europeus faziam ao comprarem um negro africano: davam-lhe um nome cristão como uma das tentativas de esvaziar o africano da sua cultura, como uma tentativa de fragmentar a sua identidade. Essa era mais uma das facetas da violência do regime escravista. Nomes como Mateus, Lucas, Hilário, Maria, Antônia eram dados pelos colonizadores, mas os africanos escravizados, no interior das senzalas, continuavam a se considerar Nzenga, Moboti, Monjolo e assim por diante, de acordo com a sua origem étnica do seu país africano de origem. A preservação do nome africano pelos escravos pode ser considerada, também, uma forma de resistência negra.

Já os negros nascidos no Brasil sob o regime da escravidão, os quais eram chamados de crioulos, só tinham o nome cristão, mas ao se aquilombarem costumavam tomar um apelido quimbundo, jeje, iorubano – enfim, de qualquer das muitas línguas africanas faladas no Brasil Colonial. Essa era uma forma de recuperarem parte de sua identidade. Foi nesse processo de afirmação da sua identidade enquanto negro, livre e quilombola que Francisco passou a se chamar Zumbi.

Além de impor um outro nome aos africanos escravizados, o tráfico de escravos separava, para sempre, as famílias. Foi uma grande mistura de povos, famílias, crenças e línguas durante 350 anos. Pessoas de origens, línguas, religião e hábitos diferentes, por vezes inimigas no continente africano, eram obrigadas a conviver e a trabalhar forçadas, durante os longos e violentos anos de escravidão. No regime escravista, autoridades proibiam ajuntamento de negros da mesma terra e fazendeiros não compravam mais de dois indivíduos da mesma família, pois tinham receio de que os laços familiares os levassem a algum tipo de relação e organização.

No interior das senzalas, com o passar dos anos, foram se formando casais de escravizados, nascendo filhos. Porém, não havia tranquilidade para a família escravizada. A qualquer instante, o senhor podia vendê-los, matá--los ou separar pai, mãe e filhos. Para os senhores, o negro escravizado era visto como propriedade, como um animal, podendo ser vendido a qualquer hora e pelo preço que bem lhe aprouvesse, assim como os criadores de gado vendem o macho separado da fêmea.

Nesse contexto, a família escravizada no Brasil se organizou de maneira variada. Uma delas é o parentesco aberto. A escravidão não possibilitava ao homem e mulher escravizados a constituição da família nuclear – pai, mãe e filhos. Além disso, na África, em geral, predominava uma concepção diferente de família – a família extensa – marido, esposa, filhos, tios, agregados etc. É nesse contexto que Francisco, após se tornar Zumbi, constituiu livremente sua família – um pai, irmãos, tias e tios. O principal destes se chamava Ganga Zumba.

Mas quem foi Ganga Zumba? Na época em que Zumbi chegou a Palmares era ele quem governava. E, sob a sua liderança, os quilombos cresceram e resistiram às constantes expedições e ataques, graças à estratégia de guerrilha e à coragem dos quilombolas.

Com o passar dos anos, os ataques se tornaram mais e mais violentos. Em 1675, uma grande expedição patrocinada pelas vilas vizinhas a Palmares conquista a primeira vitória contra os quilombos. No ano seguinte, ocorre um novo ataque e Zumbi é ferido e fica manco.

Em 1677, os povoados palmarinos foram atacados por Fernão Carrilho, um famoso caçador de negros. Ganga Muíssa, ministro de Zumbi, e Ganga Zumba – o chefe – saíram feridos, e Fernão Carrilho capturou vários quilombolas. Com a morte e a prisão de líderes importantes, a liderança de Ganga Zumba começou a fragilizar. Duas outras expedições atacaram Palmares, matando e prendendo vários moradores.

Após o sucesso de Fernão Carrilho, o governador D. Pedro de Almeida ofereceu um acordo aos palmarinos, no qual prometia terras, permissão para o comércio com os vizinhos e a liberdade somente para os negros nascidos em Palmares. Todos os outros seriam vendidos como escravos.

No dia 5 de novembro de 1678, o Recife assistiu admirado à chegada da delegação de Palmares, chefiada pelo próprio Ganga Zumba para negociar a paz. O acordo incluía vários pontos:

a) os negros nascidos em Palmares deveriam ser considerados livres;

b) os negros que aceitassem a paz receberiam terras para viver;

c) o comércio entre os negros e os povoados vizinhos deveria ser liberado;

d) os negros que aceitassem a paz passariam a ser vassalos da coroa como qualquer outro.

A assinatura de um tratado de paz com o governo português colocou Zumbi e Ganga Zumba em lados contrários. Zumbi não aceitou esse acordo, pois ele sabia que a paz só seria possível com a construção de uma sociedade livre e independente. Os termos desse tratado não asseguravam a liberdade para os negros e, além de dividi-los, restituía à escravidão a maioria dos quilombolas que fugiram para Palmares por vontade própria. O acordo contrariava tudo aquilo por que os palmarinos tinham lutado até aquele momento e, dessa forma, foi considerado por Zumbi e por outros companheiros como algo inaceitável. Sitiado em Macaco – capital dos Palmares – Ganga Zumba perdeu o seu antigo prestígio.

Em 1680, Zumbi assume o comando do Quilombo de Palmares e Ganga Zumba retira-se com seus seguidores para Cucaú, terra doada pelo governo português aos negros que aceitaram o tratado de paz proposto e aceito por Ganga Zumba. Ao chegarem ao Cucaú os desentendimentos começaram a acontecer e tornaram-se insustentáveis. A rebelião crescia entre os negros e muitos deles resolveram voltar para Palmares, rompendo o acordo com o governo colonial. No auge da discórdia, Ganga Zumba foi envenenado, e o controle passou para o seu irmão, Ganga Zona, que tinha o apoio dos brancos mas, segundo o historiador Joel Rufino dos Santos, não liderava bem o seu povo. Os negros preferiram retornar a Palmares e seguir Zumbi.

Em 1688, dez anos após a morte de Ganga Zumba, o governador foi buscar no Piauí o bandeirante Domingos Jorge Velho, para liderar um ataque definitivo contra Palmares. Comandavam a invasão também os proprietários de terras Fernando Bernardo Vieira de Melo e Sebastião Dias Mineli.

Armado e financiado pelo governador, o bandeirante Domingos Jorge Velho recebeu o perdão antecipado pelos crimes que viesse a praticar e o poder de prender qualquer pessoa que colaborasse com os palmarinos. Além das frequentes trocas de alimentos de Palmares por armas e munições, o governador queria acabar com a prática comum dos habitantes das vilas de "alugar" pedaços das terras dos quilombos para plantar. Porém, antes de atacar Palmares, Domingos Jorge Velho e sua tropa tiveram de combater uma revolta dos índios Janduís, no Rio Grande do Norte. Com isso, o ataque a Palmares foi adiado por três anos.

Finalmente, em agosto de 1692, Domingos Jorge Velho atacou os quilombos. Avisado do ataque por seus espiões, Zumbi se preparou para receber o bandeirante como de costume. Emboscado pelas forças do quilombo, o bandeirante percebeu que as estratégias de guerrilha as quais estava acostumado a usar contra os índios que capturava não dariam certo com os quilombolas e foi forçado a recuar.

As tropas de Domingos Jorge Velho permaneceram na região, causando problemas nas vilas onde passavam, roubando alimentos e armas, enquanto preparavam-se para um novo ataque. Aproveitando-se do tempo de espera, Zumbi fortificou ainda mais o quilombo do Macaco, alterando sua estratégia de mover-se com a população de um povoado para outro e fazendo do povoado central a sua cidadela de resistência.

Em janeiro de 1694, Domingos Jorge Velho parte em direção ao quilombo do Macaco e Zumbi o aguarda ali para uma batalha decisiva. Protegidos por uma contracerca tripla e por fossos e muralhas de estacas que impediam a aproximação dos atacantes, os quilombolas vencem duas investidas das forças do bandeirante, enquanto Domingos Jorge Velho aguardava a chegada de reforços do litoral. No dia 3 de fevereiro, duzentos homens e seis canhões unem-se ao exército do bandeirante. Contudo, os canhões precisavam se aproximar da muralha, o que parecia impossível. Então, Domingos Jorge Velho ordena a construção de uma contracerca oblíqua que vai avançando na direção de uma das pontas da muralha de Palmares, protegendo seus homens do ataque dos quilombolas. Dessa vez, a estratégia funcionou.

Representação da batalha final de Quilombo dos Palmares (Joel Rufino dos Santos, *Zumbi*, 7. ed., São Paulo, Moderna, 1985).

Durante a madrugada do dia 6 de fevereiro, os habitantes de Palmares tentam uma fuga desesperada na escuridão da noite, mas o alerta é dado e o ataque é violento. Mesmo ferido, Zumbi consegue escapar. Ele estava com trinta anos e andava coxo. Combatia há muitos anos e era um guerreiro incansável. Após a tomada de Palmares, espalhou-se que Zumbi havia se suicidado, precipitando-se do despenhadeiro da Serra da Barriga. Na realidade, ele fugira de Macaco com dois mil quilombolas. Quando o governo certificou-se de que estava vivo, colocou sua cabeça a prêmio.

Durante todo o ano de 1694, as tropas de Domingos Jorge Velho percorreram a serra e Zumbi reapareceu em dezembro, liderando um ataque à vila de São Francisco.

No início de 1695, registrou-se a presença de Zumbi em várias áreas do antigo quilombo. Em uma dessas investidas, Antonio Soares, homem de confiança de Zumbi, foi capturado. Depois de ser muito torturado e com a promessa de continuar vivo, ele delatou o esconderijo de Zumbi na Serra de Dois Irmãos.

Aproximando-se de Zumbi, que abriu os braços para recebê-lo, Soares o apunhalou. Os invasores que estavam escondidos abriram fogo assassinando todos os companheiros de Zumbi. Mesmo ferido mortalmente, Zumbi lutou com bravura até cair morto nas mãos assassinas dos bandeirantes, no amanhecer do dia 20 de novembro de 1695. Zumbi morreu em combate, matando um homem, ferindo outros e jamais se rendendo.

Joel Rufino dos Santos nos conta como foi o trágico destino do corpo de Zumbi. O seu cadáver foi levado para a cidade de Porto Calvo e apresentado aos oficiais da Câmara. Tinha vários furos de bala e inumeráveis de punhal. Tiralham-lhe um olho e a mão direita. Estava castrado, e seu pênis colocado em sua boca. Banga, único sobrevivente da guarda de Zumbi, os escravos Francisco e João e os fazendeiros Antônio Pinto e Antônio Sousa testemunharam perante os vereadores que aquele corpo mutilado e começando a cheirar mal, era, indiscutivelmente, Zumbi dos Palmares.

Depois de lavrado o "auto de reconhecimento", o bandeirante André Furtado de Mendonça propôs à Câmara de Porto Calvo que se decepasse a cabeça de Zumbi e a enviasse para Recife acondicionada em sal fino. Lá chegando, mandou o governador espetá-la na ponta de um pau comprido na praça principal.

Anos a fio, no sol e na chuva, a cabeça de Zumbi ficou ali, exposta, no coração do mundo do açúcar como exemplo de vingança dos brancos e para dizer aos negros que Zumbi, o grande guerreiro, não era imortal. Mas, quem sabe, a exposição pública da cabeça do grande líder, ao invés de causar medo e submissão dos negros escravizados, não continuou gerando um sentimento de revolta e de luta pela liberdade? Quem sabe, até mesmo com a morte cruel e o desrespeito ao seu corpo, Zumbi continuou exercendo sobre os negros uma forte liderança, tornando-se símbolo de luta e de resistência?

Prova disso é que, depois da morte de Zumbi, a luta prosseguiu durante muitos anos, com os sobreviventes quilombolas fazendo uma guerrilha de resistência. Há registros de ataques de negros a engenhos e vilas até 1716, e o fim de Palmares só veio mesmo com a ocupação das suas terras pelos colonos portugueses.

Zumbi tornou-se um símbolo vivo para as gerações futuras como exemplo de luta e amor à liberdade. Por isso, o dia da sua morte, 20 de novembro de 1695, foi instituído como o Dia Nacional da Consciência Negra. Atualmente, em alguns municípios esse dia é decretado feriado em comemoração à luta e resistência negra.

O Dia Nacional da Consciência Negra

O presidente Luiz Inácio Lula da Silva sancionou em 9 de janeiro de 2003 a Lei nº 10.639 que altera a Lei nº 9.394/96, lei de diretrizes e bases da educação nacional, incluindo nesta mais três artigos que versam sobre a obrigatoriedade da inclusão do ensino da História da África e da Cultura Afro-brasileira nos currículos dos estabelecimentos públicos e particulares de ensino da educação básica. A lei também acrescenta que o dia 20 de novembro (considerado dia da morte de Zumbi) deverá ser incluído no calendário escolar como dia nacional da consciência negra, tal como já é comemorado pelo movimento negro e por alguns setores da sociedade.

A Revolta dos Malês

A revolta dos Malês é mais uma forma de resistência negra existente nas terras brasileiras no contexto da escravidão. Ela ocorreu na atual cidade de Salvador, na Bahia. Vários autores já escreveram sobre este movimento, porém, tomaremos as contribuições de João José Reis (2003) como principal fonte para conhecer um pouco sobre essa estratégia de luta dos negros no Brasil.

No século XIX, a província da Bahia era uma das mais prósperas regiões canavieiras das Américas. Os engenhos de açúcar, mantidos pela mão de obra escrava, estavam localizados sobretudo no Recôncavo, região fértil e úmida que abraça a Baía de Todos os Santos. Salvador, então mais conhecida como Cidade da Bahia, ocupava um dos extremos desse conjunto geográfico, impressionando visitantes estrangeiros por sua beleza.

Na noite do dia 24 para 25 de janeiro de 1835, um grupo de africanos escravizados e libertos ocupou as ruas de Salvador, e durante mais de três horas enfrentou soldados e civis armados. Os organizadores do levante eram malês, termo pelo qual eram conhecidos na Bahia da época os africanos muçulmanos.

Mapa histórico do recôncavo, localizando a cidade da Bahia neste período (*IstoÉ Brasil* 500 anos. Atlas Histórico. Grupo de Comunicação Três S/A, 1998)

Quem eram os Malês?

O uso do termo Malê, na Bahia da época, não denominava o conjunto de uma etnia africana particular, mas o africano que tivesse adotado o Islã, embora, se quisermos ser bem estritos, e eticamente corretos, Malês seriam apenas os nagôs islamizados. Estes grupos pertenciam a sociedades africanas muito desenvolvidas, politicamente independentes, complexas, economicamente avançadas, originárias de um alto nível de civilização, cultura e tradição religiosa. Sendo assim, os Malês unificaram diferenças étnicas, culturais, religiosas, somando os pontos comuns que correspondem à mais profunda tradição africana em relação à ideia de vida em família, de organização social, de relação com a natureza, de respeito aos mais velhos, de atenção e cuidado com o sobrenatural.

Porém, nas pesquisas realizadas para descobrir a procedência dos Malês que chegavam à Bahia e que foram denunciados nos relatos da revolta dos Malês, os historiadores encontraram: Nagôs, Haussás, Jêjes, Minas, Bornu, Cabinda, Congo, Gruma ou Grunci e Tapa.

Apesar da maior concentração de muçulmanos viver na Bahia, eles também viviam em todo o Brasil, principalmente São Paulo, Alagoas, Pernambuco, Paraíba. O Islã mesclou diferentes grupos étnicos, guardando seus princípios fundamentais e adaptando-se às circunstâncias de tempo e de lugar no Brasil.

Imagem de mulher fula, Senegal, século XX (Negro de corpo e alma, Black and body and soul, Mostra do Redescobrimento, 2000).

Possivelmente, o primeiro grande contingente de africanos muçulmanos chegou à Bahia na passagem do século XVIII para o XIX. Durante os mais de duzentos anos anteriores de tráfico, muitos africanos vindos da Casa da Mina eram maometanos, entre eles, principalmente, os malinkes, aqui chamados mandingos. No século XIX vieram sobretudo os haussás, iorubas (também chamados de nagôs) e povos vizinhos, vítimas dos políticos e religiosos que devastaram seus países. Era uma época de expansão do Islã na África Ocidental, especialmente na região oeste da atual Nigéria. O Islã pregava meios pacíficos, mas lançava mão das guerras sempre que os regimes políticos tradicionais lhe causavam dificuldades.

É preciso que compreendamos que o Islã não constituía a única força religiosa entre os africanos na Bahia. Podemos dizer que ele tinha uma importante expressão em um contexto cultural que também incluía outras práticas religiosas africanas como o culto aos orixás nagôs, o vodun dos jêjes, o culto aos espíritos ancestrais dos angolanos. Não podemos nos esquecer do catolicismo crioulo também praticado pelos negros brasileiros durante a escravidão. O pluralismo religioso da comunidade africana e afro-

-brasileira naquela época perdura até os nossos dias, contrariando a ideia equivocada que reduz a tradição religiosa afro-brasileira ao candomblé.

A penetração muçulmana na comunidade escravista se realizava em níveis diversos de profundidade religiosa e de compromisso. Eram muito usados os amuletos ou talismãs malês. Na Bahia, esses talismãs eram considerados como objetos de uso obrigatório de muçulmanos e não muçulmanos indistintamente, devido à ideia disseminada, na época, de possuírem energia e um forte poder protetor.

Os Malês também usavam a escrita e tal prática exercia uma forte atração sobre os outros africanos só familiarizados com a cultura oral. Os amuletos eram feitos, de um modo geral, com papéis contendo passagens do Alcorão e rezas fortes. Esses papéis eram dobrados cuidadosamente e colocados numa bolsinha de couro toda costurada. Em muitos casos, além dos papéis, outros ingredientes entravam na magia. Alguns amuletos eram feitos de pano da costa, pois protegia melhor as palavras e outros elementos protetores. Não é esse costume muito semelhante ao uso dos chamados "patuás" usados pelos brasileiros e brasileiras dos nossos tempos?

Outro símbolo da presença islâmica na comunidade africana da época era o uso de uma roupa toda branca, espécie de camisolão comprido, chamada abadá, na Bahia. Essa roupa nunca podia ser vestida em público, para evitar a visibilidade do Malê e a consequente perseguição pelas autoridades policiais. Era usada em casa, durante suas rezas e rituais.

O papel desempenhado pelos muçulmanos na rebelião de 1835 foi muito importante. Os rebeldes foram para as ruas com roupas só usadas na Bahia pelos adeptos do Islã. No corpo dos que morreram a polícia encontrou amuletos muçulmanos e papéis com rezas e passagens do Alcorão, o livro sagrado do islamismo. Estas e outras marcas levaram à conclusão de que a religião tinha sua parte na revolta.

A revolta dos Malês é lembrada com orgulho pelo povo de Salvador, mas, nem sempre, é conhecida por aqueles que residem em outras cidades e outros estados. Além disso, nem sempre é conhecida como uma rebelião negra. Ela é lembrada nas escolas da Bahia e em várias canções do bloco afro-baiano Ilê Aiyê.

A revolta

A revolta de 1835 foi resultado de um longo período de preparo e discussão. Quando os Malês reuniam-se nas ruas ou em suas casas para vivenciarem os preceitos da religião islâmica ou mesmo para conversar sobre a vida, eles também discutiam a possibilidade de construção de uma sociedade mais digna e, para tal, não desconsideravam a possibilidade de usar a força.

Além da escravidão existente, a Constituição baiana de 1824 estabelecia o catolicismo como religião oficial e, por isso, era a única que podia celebrar cerimônias públicas e construir templos às claras. Aos estrangeiros de outros países que professavam outra religião, como é o caso do protestantismo, concedia-se o direito à "liberdade religiosa", porém, desde que fosse praticada de maneira privada. Nesse contexto, as religiões africanas eram consideradas ilegais, casos de polícia e inconstitucionais.

Desse modo, os Malês tinham que praticar sua religião às escondidas, na ilegalidade. E o fato de ser uma religião que, no contexto baiano da época, era praticada prioritariamente por africanos escravizados e libertos, tornava o Islã um alvo fácil do preconceito da sociedade baiana. A revolta e a prática do Islã traziam para aqueles homens e mulheres escravizados a perspectiva de liberdade e, com isso, restaurava a sua dignidade e humanidade, tão massacradas pelo regime escravista.

Embora tenha durado apenas algumas horas, a revolta dos Malês pode ser considerada como um dos levantes de escravos urbanos mais sério ocorrido nas Américas e teve efeito duradouro para o conjunto do Brasil escravista.

A revolta dos Malês teve resultados e repercussões importantes que serviram para questionar e abalar a estrutura do regime escravista, no plano nacional e internacional. No Rio de Janeiro uma notícia detalhada chegou ao público por meio de periódicos que publicaram o relatório do chefe de polícia da Bahia. Temendo que o exemplo baiano fosse seguido por outros, as autoridades cariocas intensificaram a vigilância sobre os negros locais, principalmente na corte imperial. Além de disseminar o pânico e provocar o aumento do controle escravo em todo o Brasil, os rebeldes conseguiram também reavivar os debates sobre a escravidão e o tráfico de escravos da África, de uma forma mais crítica.

Mas, afinal, qual era o plano da revolta? Segundo o historiador e compositor Nei Lopes (1988), o plano de revolta era basicamente este: um grupo de revoltosos sairia do clube do Corredor da Vitória, na atual avenida Sete de Setembro, perto do Campo Grande, em direção à Ribeira; lá, na localidade conhecida como Cabrito, o grupo se uniria ao pessoal dos engenhos e quilombos da Mata Escura, do Cabula etc.

A data escolhida para a rebelião foi o domingo da Festa de Nossa Senhora da Guia. A escolha tinha razões estratégicas, o que nos prova que a liderança da revolta conhecia os costumes dos moradores de Salvador.

A festa levaria para a distante localidade do Bonfim um grande número de pessoas, especialmente homens livres. Boa parte do corpo policial também iria para lá, com o objetivo de controlar a multidão.

Como conheciam bem o cotidiano da cidade e de sua festa, os Malês devem ter calculado que, dada a distância e precariedade dos transportes e vias de acesso da época, ia-se ao Bonfim, para ficar pelo menos todo o fim de semana na festa. A cidade ficaria vazia de homens livres e policiais e seria mais fácil dominá-la.

Mas a eleição do dia 25 de janeiro como data da rebelião possuía um significado ainda mais importante para os Malês. A revolta foi planejada para acontecer num momento especial do calendário muçulmano, na verdade, o mais importante do ano: o Ramadã. Era o final do jejum, data muito próxima da festa do Lailat al Qadr, expressão que traduzida para os idiomas ocidentais quer dizer "Noite da Glória", ou "Noite do Poder". O Qadr é celebrado em toda a África Ocidental e encerra o Ramadã. Acredita-se que nessa noite Alah aprisiona os djins (espíritos) para livremente reordenar os negócios do mundo.

Mas nem tudo saiu como haviam planejado. Os revoltosos foram delatados. Alguns dizem que a delação veio por intermédio de um "pardo marceneiro", mas a versão que prevalece é de que a principal responsável foi Guilhermina Rosa de Souza, mulher do africano liberto Domingos Fortunato, que tratou de avisar sobre o levante ao seu patrono, Firmiano Joaquim de Souza Velho, como prova de lealdade ao ex-senhor. Talvez tenha sido essa lealdade que lhe favorecera sua liberdade no passado.

Os primeiros tiros foram dados no porão onde morava Manuel Calafate, na Ladeira da Praça. A partir daí, travaram-se sangrentos combates nos quais se teriam destacado, entre outros, Agostinho, Ambrósio, Cornélio, Engrácia, Gaspar, Higino, José Saraiva, Luis e Luisa Mahin (mãe do poeta Luís Gama).

Tão logo o movimento de revolta foi dominado, seguiu-se uma violenta repressão policial que espalhou o pânico entre a população negra da Bahia.

A deportação de todos os africanos livres suspeitos de rebeldia, bem como de todos os escravos chegados ao Brasil depois da proibição do tráfico (7 de novembro de 1831), foi determinada por meio de uma lei em 14 de maio de 1835. Perseguidos, os Malês sobreviventes misturaram--se à massa dos negros seguidores da religião tradicional, tendo muitos talvez fugido para outros centros, como o Rio de Janeiro. Também a 14 de maio, foram fuzilados os libertos Jorge da Cunha Barbosa e José Francisco Gonçalves, além dos escravos Joaquim, Gonçalves e Pedro.

Entre os objetos apreendidos pela perseguição policial estavam gorros brancos, rosários, tábuas de escrita e principalmente inúmeros documentos grafados em árabe.

Podemos destacar sete importantes líderes muçulmanos, mestres Malês envolvidos de alguma forma na revolta. Eram eles: Ahuna, Pacífico Licutan, Luís Sanim, Manoel Calafate, Elesbão do Carmo (Dandará), Nicobé e Dassalu. Não podemos conhecer a história de todos os líderes, mas é importante destacar um pouco da trajetória de alguns. Um deles é Pacífico Licutan.

Licutan: um importante líder malê

Um dos principais mestres Malês era o africano Licutan, que certamente chegou ao Brasil entre os milhares de iorubas trazidos para cá como escravos, no início do século XIX. Ele foi descrito como um homem idoso, alto, magro, barba rala, cabeça e orelhas pequenas. Uma figura impressionante, sem dúvida.

Ao embarcar no navio negreiro, Licutan foi batizado pelos traficantes de escravos com o nome de Pacífico. Assim, ao lado do nome africano, passava a ter um nome português. Com isso, pretendiam lembrar a Licutan que ele agora era um escravo. Para os africanos isso era muito doloroso pois, em muitos lugares da África, o nome dado a uma pessoa tem um significado especial. Os iorubas, por exemplo, dão o nome de Alade a um menino nascido após o nascimento de várias mulheres. O nome africano, nesse caso, conta um pouco da história da pessoa. O nome português servia, então, para apagar da memória do escravizado o seu passado africano: sua família, sua língua e a região de onde veio, contribuindo assim para sua desumanização.

Em 1835, Licutan, assim como vários outros alufás, ainda era escravo e trabalhava como enrolador de fumo no Caís Dourado e morava no Cruzeiro de São Francisco. Seu dono, o médico Antônio Pinto de Mesquita Varella, era um homem muito cruel. Mais de uma vez os africanos libertos, amigos e admiradores de Pacífico Licutan, ofereceram a ele elevada soma de dinheiro pela carta de alforria do mestre Malê. Na época em que recebeu as ofertas, o médico tinha uma dívida atrasada com os frades carmelitas. Apesar disso, por orgulho, não aceitou o dinheiro oferecido pelos negros. Preferiu manter o escravo e a dívida.

Algum tempo depois, porém, os frades carmelitas processaram o doutor Varella. Queriam receber o dinheiro que o médico lhes devia.

A justiça baiana deu ganho de causa aos religiosos. Em novembro de 1834, Licutan foi retirado de seu dono, para depois ser leiloado em praça pública. O dinheiro obtido nesse negócio seria entregue aos carmelitas. Curiosamente, Licutan esperou pelo dia do leilão na cadeia, embora nada devesse à justiça.

Na prisão, ele recebia visitas, todos os dias. Muitos negros e negras, conforme palavras do carcereiro, iam à cadeia para lhe tomar a bênção. Ajoelhavam-se diante dele, pois o mestre Malê era um homem com baraka, isto é, poder espiritual para abençoar. Um desses africanos que o visitava todos os dias, para levar-lhe comida, era o alufá Luiz Sanin. Muitas dessas amizades nasciam nos porões dos navios negreiros, durante a viagem forçada da África para o Brasil.

Além de Sanin, centenas de outros africanos se sentiram feridos com a prisão injusta de Licutan. Isso, com certeza, contribuiu para a decisão deles de disputar a Bahia com os brancos.

Licutan estava preso quando um outro fato revoltou ainda mais os africanos. Os Malês realizavam uma de suas festas religiosas, nos fundos de uma casa, na região do corredor da Vitória, em Salvador. De repente, o local foi invadido e a festa foi violentamente interrompida a mando do inspetor de quarteirão, que no dia seguinte denunciou os africanos à justiça. Esta decide que a casa onde estavam reunidos devia ser destruída. Dias depois ela é incendiada.

Foi a gota d'água!

A partir desse episódio, os africanos resolveram marcar o dia e a hora da rebelião. A data escolhida, como já vimos anteriormente, foi 25 de janeiro de 1835, um domingo, dia de homenagem a Nossa Senhora da Guia. A festa ia atrair muitos policiais e homens negros para o Bonfim, bairro situado a oito quilômetros do centro de Salvador. Isso devia facilitar a explosão da revolta liderada pelos malês.

Dias antes de iniciarem a rebelião, os companheiros de Licutan prometeram libertá-lo para sempre, assim que terminasse o Ramadã, (o jejum). Entretanto, não puderam cumprir a promessa, pois, como sabemos, foram traídos no dia anterior ao levante...

Durante o levante os rebeldes tentaram libertar Licutan à força, mas sem sucesso.

No decorrer do interrogatório a 11 de fevereiro de 1835 Licutan recusou revelar o nome de qualquer colaborador ou discípulo seu. Negou até que ele próprio fosse muçulmano, apesar de toda prova em contrário. Ao mesmo tempo manteve diante de si próprio, dos outros africanos que *aguardavam para depor e dos interrogadores a dignidade e identidade Malê. Disse ao juiz chamar-se Bilãl, ao que a autoridade retrucou furiosa:*

– Você está mentindo. Seu nome é Licutan. O Juiz, por ignorância, não sabia que Bilãl é um nome islâmico, com um significado muito importante dentro da cultura desse povo. Na tradição muçulmana, na África Ocidental, Bilãl é o nome que se dá ao auxiliar negro do profeta Maomé . É aquele que, dentro do culto Malê, é encarregado de puxar os fiéis na reza. Dessa forma, Licutan disse ao juiz qual era a sua função dentro do culto Malê. Como observamos, a revolta continuava viva no coração de Licutan, ou Bilãl, apesar do insucesso no campo de batalha.

(Alfredo Boulos Junior. 20 de novembro. Dia nacional da Consciência Negra. *Injustiça e discriminação*: até quando? São Paulo: FTD, 1997, p. 29-32.)
(Malês, a revolução. Projeto de Extensão Pedagógica, Caderno de Educação do Ilê Aiyê, Salvador, Associação Cultural Bloco Carnavalesco Ilê Aiyê, v. X, 2002, p. 27.)

A resistência negra: movimentos em diferentes regiões

As reações coletivas são as que mais se destacaram na repulsa à escravidão no Brasil. Durante toda a existência do regime escravista, os escravizados lutaram, organizando-se de diferentes modos, com os quilombos, as insurreições, as guerrilhas, as insurreições urbanas, entre outros. Podemos dizer que a escravidão sempre foi acompanhada de um forte movimento de resistência, e várias revoltas tiveram a presença negra como personagem central, na luta pelo fim deste regime desumano e cruel. Exemplos dessas ações e reações foram a revolta dos Alfaiates (Bahia, 1798), a Cabanagem (Pará, 1835-1840), a Sabinada (Bahia, 1837-1838) e a Balaiada (Maranhão, 1838-1841), conhecidas como revoltas urbanas.

A relação entre senhores e escravizados não era harmoniosa. A sociedade escravista, seja na cidade, seja no campo, não era um lugar calmo e seguro para os senhores e suas famílias e tampouco prevalecia a obediência e resignação por parte dos escravizados. As relações entre esses dois grupos eram permeadas de tensões. Havia um crescente movimento de escravizados, acompanhado de muitas ações violentas que desafiavam a tranquilidade pública.

A manutenção da segurança pública e da ordem tornou-se necessária pelas revoltas frequentes de escravizados e pela descoberta da organização de muitas outras, algumas das quais contaram com a ajuda dos abolicionistas. Essas ações demandaram a organização, por parte das autoridades policiais e com a aprovação dos governos provincial e imperial, de uma forte estratégia de repressão. De fato, ao longo dos anos 70 e 80, a identificação do escravizado enquanto "inimigo doméstico irreconciliável" ganha as tribunas e os jornais, tornando-se uma discussão popular.

Essa era a principal preocupação das autoridades da época e fonte de temores semelhantes aos que eram impostos pelo regime escravista. A manutenção da escravidão tornava-se um negócio perigoso e arriscado. As áreas cafeeiras do Oeste Paulista tornaram-se, nesse contexto, particularmente violentas, por exemplo.

Um movimento pouco estudado foi o movimento de escravos na região cafeeira de São Paulo, no século XIX, na década 1880, anos antes da abolição da escravatura. Indignados com as injustiças do regime escravista e inspirados pelas ideias abolicionistas que chegavam às senzalas, os movimentos de revoltas dos escravos da região cafeeira espalharam o pânico entre os senhores das fazendas e suas famílias. Para a historiadora Maria Helena Machado (1994), que estudou a resistência negra nas fazendas cafeeiras de São Paulo, esta ação dever ser tomada como "movimentos sociais na década da abolição".

Incapazes de conter a agitação dos escravizados e a ousadia dos abolicionistas, a sociedade da época tentou descaracterizar o perigo das ocorrências que os envolviam (escravizados, libertos e abolicionistas), para evitar o surgimento de um estado de pânico por parte das populações. Tentou-se, também, impedir o surgimento de uma discussão generalizada sobre a decadência dos mecanismos que tinham como função a manutenção da ordem pública na época.

É nesse cenário político do Império que o movimento abolicionista, em prol do término da escravidão, alcançou vários adeptos e se tornou uma forte presença na sociedade escravista da época. Esse movimento conseguia seus adeptos tanto entre os setores mais avançados das camadas médias como junto aos setores pobres da população urbana, que mostrava seu lado combativo nos motins urbanos – como na revolta do Vintém, na Corte de 1880. O abolicionismo atraía também para seus quadros um conjunto de homens desenraizados – imigrantes, viajantes, indivíduos sem pátria e sem família – que constituíram, por seu perfil dinâmico, os primeiros grupos a estabelecer os laços entre o mundo urbano e as populações escravas.

É importante compreender que o alto índice de criminalidade entre os escravizados não se deu somente entre a massa daqueles recém-chegados ao Brasil. Os africanos que aqui viviam e seus descendentes nascidos sob o regime da escravidão também tramavam e realizavam vários levantes. Ou seja, o sentimento de revolta e as iniciativas de luta e resistência à escravidão fazem parte da história do povo negro brasileiro.

A análise dos autos criminais relativos aos ataques contra a figura senhorial e os fiscalizadores do trabalho escravo revela que a problemática da criminalidade baseava-se em um conflito muito mais complexo. Os grupos de escravizados passavam a reivindicar, mais e mais abertamente, o cumprimento daquilo que percebiam como obrigações senhoriais, a saber: um ritmo de trabalho próprio ao grupo, a diminuição dos castigos corporais, o direito à folga semanal, à alimentação e ao vestuário, a exigência do recebimento de alguma remuneração pelo trabalho que realizavam a mais e a manutenção de uma economia independente dos escravos na forma das roças e do pequeno comércio. Tudo isso porque, com o tempo, o sistema disciplinar das fazendas tornou-se mais intenso, exigindo ritmos de trabalho cada vez mais concentrados, sobretudo nas áreas em que a cafeicultura se expandia. Gradativamente, as poucas margens de autonomia do escravo iam se tornando mais escassas para que o lucro dos senhores fosse garantido.

Casa de negros, 1835, Litografia de J. M. Rugendas (Carlos Eugênio Marcondes de Moura, *A travessia da calunga Grande* — Três séculos de Imagens sobre o negro no Brasil (1637-1899), São Paulo, Edusp, 2000).

Com o passar dos tempos, a ordem escravocrata foi sendo cada vez mais questionada e o consenso em relação à propriedade escrava tornou-se mais e mais polêmico. Quanto mais essa tensão aumentava, mais o uso da disciplina, da força e a manutenção do sistema de exploração do trabalho escravo se intensificavam, como uma última tentativa de manutenção da escravidão. Tudo isso levou os senhores, da década de 1880, a colocarem-se definitivamente numa posição defensiva.

Não se trata aqui de acusar os escravizados de criminosos e homicidas, mas entender que, diante da opressão escravista, essas pessoas submetidas à força e ao regime de opressão e escravidão não aceitaram passivamente a condição escrava: lutaram com as armas que estavam ao seu alcance. Há que se tomar cuidado para não olharmos para os negros escravizados e suas formas de luta e de resistência durante o regime da escravidão com olhos do século XXI, condenando a ação violenta que adotaram. É preciso compreender que a resposta dada por eles, naquele momento, estava diretamente relacionada ao regime que lhes era imposto e ao tratamento recebido no interior da sociedade escravista da época.

É nesse contexto que a ação da polícia assume um papel mais destacado, tendo que enfrentar diretamente a reação escrava, à medida que os senhores se viam cada vez mais impotentes para controlar os movimentos de revolta.

Embora, hoje, a organização política e social tenha mudado e não vivamos mais sob o regime da escravidão, muitos ainda acreditam que a questão racial é uma questão de polícia e não de políticas públicas. Esse é um terrível equívoco que não foi construído em nossos dias. Podemos considerá-lo uma marca da escravidão que ficou impregnada na visão que muitas pessoas em nossa sociedade ainda conservam em relação ao povo negro.

Em uma rápida viagem pelo Brasil do século XIX, é possível perceber que outros movimentos, revoltas, lutas e a resistência negra nas suas diversas formas aconteceram em diferentes regiões do Brasil, durante o regime escravista. Existiram outros movimentos em vários estados e cidades do país, contudo, não temos condições de abordá-los na sua totalidade. Elegemos algumas iniciativas para mostrar quão rica e vasta é a história dos negros em nosso país. Uma história que é preciso conhecer para ter orgulho da herança negra e africana e para ver de maneira positiva a presença negra. Trata-se de reconhecer a força e a importância do povo negro em nosso país, conhecer a sua história e contá-la para as novas gerações.

A Revolta dos Alfaiates

Negros e mulatos, soldados e artesãos, escravos e libertos foram a base da Conjuração Baiana em 1798, que, inspirada na fase popular da Revolução Francesa, pretendia alcançar a independência do Brasil com uma sociedade igualitária. Trata-se de uma revolta de caráter popular que ocorreu em Salvador relacionada com a crise do sistema colonial e com os movimentos pela independência brasileira, também conhecida como **Revolta dos Alfaiates**.

A manifestação contou com representantes das camadas populares, com grande número de negros e mulatos, de escravos e libertos. Desde 1794, intelectuais, estudantes, proprietários e comerciantes participavam de reuniões secretas, ao lado de artesãos, funcionários e soldados, para ouvir notícias da Revolução Francesa chegadas da Europa e discutir a aplicação dos princípios liberais no Brasil. Desejavam a independência da colônia e uma sociedade baseada nos ideais de liberdade e igualdade dos cidadãos.

A revolta dos Alfaiates ou Conjuração Baiana apresenta a participação popular que irá direcioná-la para uma proposta também mais ampla, incluindo a abolição da escravatura. Eis aí a singularidade da Conjuração Baiana, que também é pioneira, por apresentar pela primeira vez em nossa história elementos das camadas populares articulados para conquista de uma república abolicionista.

Entre as lideranças do movimento, destacaram-se os alfaiates João de Deus do Nascimento e Manuel Faustino dos Santos Lira (este com apenas dezoito anos de idade), além dos soldados Lucas Dantas e Luiz Gonzaga das Virgens, todos mulatos. Um outro destaque desse movimento foi a participação de mulheres negras, como as forras Ana Romana e Domingas Maria do Nascimento.

Em meados de 1798 surgem folhetos clandestinos anunciando a "República Baiense" e conclamando a população de Salvador a defendê-la. Seguem-se as primeiras prisões e fracassam os preparativos da luta armada. As autoridades dão início a devassas.

As ruas de Salvador foram tomadas pelos revolucionários Luiz Gonzaga das Virgens e Lucas Dantas que iniciaram a panfletagem como forma de obter mais apoio popular e incitar à rebelião.

A violenta repressão metropolitana conseguiu deter o movimento, que apenas teve início, detendo e torturando os primeiros suspeitos. Governava a Bahia nessa época (1788-1801) D. Fernando José de Portugal e Castro, que encarregou o coronel Alexandre Teotônio de Souza de surpreender os revoltosos. Com as delações, os principais líderes foram presos e o movimento, que não chegou a se concretizar, foi totalmente desarticulado.

Após o processo de julgamento, os mais pobres como Manuel Faustino dos Santos Lira e João de Deus do Nascimento e os mulatos Luiz Gonzaga das Virgens e Lucas Dantas foram condenados à morte por enforcamento, sendo executados no Largo da Piedade a 8 de novembro de 1799. Outros, como Cipriano Barata, o tenente Hermógenes d'Aguilar e o professor Francisco Moniz foram absolvidos. Os pobres Inácio da Silva Pimentel, Romão Pinheiro, José Félix, Inácio Pires, Manuel José e Luiz de França Pires receberam pena de prisão perpétua ou degredo na África. Já os elementos pertencentes à loja maçônica "Cavaleiros da Luz" foram absolvidos deixando clara que a pena pela condenação correspondia à condição socioeconômica e à origem racial dos condenados. A extrema dureza na condenação aos mais pobres, que eram negros e mulatos, é atribuída ao temor de que se repetissem no Brasil as rebeliões de negros e mulatos que, na mesma época, atingiam as Antilhas.

(Disponível em: <http://www.historianet.com.br> e <http://geocities.yahoo.com.br/vinicrashbr/historia/brasil/conjuracaobaiana.htm>).

A guerra da Balaiada

A rebelião popular ocorrida no Maranhão e em parte do Ceará e do Piauí durante a Regência, entre 1838 e 1841, nasce das lutas partidárias e da pobreza no interior da província maranhense. A rivalidade entre grupos da elite local resulta em uma revolta que exige a intervenção das autoridades imperiais. É chamada Balaiada porque um dos líderes, Manuel Francisco dos Anjos Ferreira, era apelidado de Balaio.

No Maranhão, no período da escravidão, também existiram grandes quilombos como o de Palmares. Os maiores foram o quilombo Lagoa Amarela, no município de Chapadinha, e o quilombo de Limoeiro, no município de Turiaçu. Os quilombolas participaram de movimentos de dimensões que ultrapassam a defesa do quilombo. O principal desses movimentos foi a guerra da Balaiada.

A Balaiada teve início por questões políticas entre partidos, mas acabou por ser assumida por vaqueiros e homens sem posses em geral que lutavam contra o recrutamento forçado para as forças militares e contra os desmandos de chefes políticos locais e, finalmente, por quilombolas, que sustentaram o combate até o fim. Também participaram da guerra lavradores, camponeses, artesãos, negros, índios e mestiços.

No dia 13 de dezembro de 1838 teve início a guerra da Balaiada. Foi uma das maiores e mais significativas rebeliões populares já registradas em terras do Maranhão e com forte repercussão em todo o país.

No início de 1840 chega ao Maranhão o novo presidente e chefe militar da província, coronel Luís Alves de Lima e Silva (futuro duque de Caxias), nomeado pela Regência para conter o movimento. Ele reorganiza as tropas oficiais em três colunas volantes e passa a combater os insurgentes, forçando-os a abandonar as áreas conquistadas. Depois de algumas batalhas – em uma das quais morre o líder Balaio –, as tropas retomam Caxias. Começa a caça aos rebeldes, com grande baixa entre eles. Em maio de 1840, em um confronto nas matas de Curumatá, a coluna de Raimundo Gomes perde quinhentos homens. Meses depois, D. Pedro II oferece anistia aos revoltosos, em comemoração a sua maioridade antecipada, condicionada à reescravização dos negros rebeldes. Mais de dois mil balaios se rendem. O conflito termina em janeiro de 1841, com a prisão de Gomes na Vila de Miritiba, divisa com o Piauí. O negro Cosme Bento também é preso e morto em setembro de 1842.

(Disponível em: <http://geocities.yahoo.com.br/vinicrashbr/historia/brasil/balaiada.htm> e <http://www.ebooksbrasil.com/adobeebook/balaiada.pdf>).

4. A resistência negra: das revoltas ao movimento negro contemporâneo

Neste capítulo, focalizaremos alguns exemplos da resistência negra após a abolição. É importante destacá-los para refletir sobre o processo de luta do povo negro no Brasil e desmistificar a ideia de que após a assinatura da Lei Áurea (que aboliu a escravidão) a situação dos negros, descendentes de africanos escravizados no Brasil, tornou-se harmoniosa e estável. Essa ideia ainda paira em nosso imaginário social.

Na realidade, após a abolição, o processo de luta e resistência negra ganhou outros contornos. Durante um bom tempo o Brasil ainda viveu o ranço escravagista, e a relação entre os antigos senhores e ex-escravizados continuou pautada pelas relações que se estabeleciam no regime de escravidão. A nova situação dos negros, de escravizados para libertos, não foi aceita imediatamente pela sociedade brasileira.

O fato de serem libertados por força da lei não garantia aos negros os mesmos direitos de fato e todas as oportunidades dadas aos brancos em nosso país, sobretudo, às camadas mais ricas da população. Por isso, além da libertação oficial, instituída na lei, os negros brasileiros após a abolição tiveram que implementar um longo e árduo processo de construção de igualdade e de acesso aos diversos setores sociais.

Essa é uma luta que continua até hoje, com outros contornos. Porém, no decorrer do processo histórico pós-abolição, além da não integração do ex-escravizado e seus descendentes na sociedade brasileira, o Brasil foi construindo um processo complexo de desigualdade social.

No Brasil, os grupos empobrecidos e descendentes de escravizados, apesar da abolição da escravatura e da proclamação da República, continuaram a viver em completa e violenta desigualdade. Contudo, não só de opressão vivia o povo. É importante lembrar que a movimentação, a reação e a resistência que fazem parte da história do negro brasileiro constituem momentos importantes da história do Brasil.

A população negra nunca aceitou passivamente essa situação. Na luta pela construção da cidadania muito sangue foi derramado. Quatro dessas histórias de resistência e luta serão abordadas neste capítulo:

- a Revolta da Chibata, movimento liderado por um negro, que se opôs ao modo como eram tratados os marujos da marinha brasileira, no início do século XX;

- a Frente Negra Brasileira, uma forma de organização política que surge a partir da ação de militantes negros paulistas pós-abolição, com intenções de se tornar uma articulação nacional;

- o Teatro Experimental do Negro – TEN – cujo projeto pedagógico destacava a educação como forma de garantir a cidadania para o povo negro e que tinha a arte e o teatro como instrumentos de expressão cultural e política;

- o Movimento das Mulheres Negras que destaca a articulação entre raça e gênero dentro das relações étnicas/raciais na sociedade brasileira de um modo geral e dentro dos movimentos sociais em específico.

Além desses, de modo breve, vamos trazer mais algumas informações sobre a história da resistência negra no contexto histórico e social do Brasil: a instauração do dia 20 de novembro que nos remete à memória de Zumbi de Palmares e à criação e vida da imprensa negra, um instrumento de luta política e de expressão intelectual da comunidade negra. Essa não é uma luta só dos negros, vários outros setores e grupos étnico-raciais têm se destacado como parceiros históricos do povo negro e vivido processos semelhantes de luta. É sempre bom lembrar que a história do negro brasileiro não é algo particular. Ela está inserida na história do Brasil e na construção da identidade de seu povo.

Revolta da Chibata

A revolta da Chibata é um movimento ocorrido no início do século XX. Durante alguns dias, no ano de 1910, mais de dois mil marujos agitaram a Baía de Guanabara, no Rio de Janeiro, ao se apoderarem de navios de guerra para exigir o fim de castigos corporais na marinha do Brasil. Mas por que esse movimento leva esse nome? O que o termo chibata tem a ver com um movimento feito por integrantes da marinha do Brasil? Para tratar desse movimento, tomaremos as contribuições de Marília Trindade Barboza (1999).

A marinhagem rebelde, esperando o novo comandante legal para arriar a bandeira vermelha (*João Cândido*, o almirante negro, Rio de Janeiro, Gryphus/Museu da Imagem e do Som, 1999).

O Brasil, nessa época, era uma das maiores potências navais do mundo. Um plano, aprovado pelo Congresso Nacional em 14 de dezembro de 1904, autorizou o governo brasileiro a encomendar três couraçados (navios blindados de guerra), três cruzadores, seis caça-torpedeiros, seis torpedeiros, três submarinos e um transporte, para reaparelhar a nossa marinha de guerra. Em consequência desse plano, posteriormente modificado, o Brasil passou a ter a terceira esquadra militar do mundo. A Inglaterra, com cem anos de progresso nessa área, só tinha um navio blindado, também chamado de couraçado. Dos três previstos, na verdade, o Brasil adquiriu apenas dois: "o Minas Gerais" e o "São Paulo".

Em 18 de abril de 1910, o "Minas Gerais" entrou nas águas da Guanabara. Era o navio de guerra mais moderno do mundo. Conta-se que toda a imprensa noticiou o fato.

Infelizmente, esse reaparelhamento material não foi acompanhado por uma necessária modernização das condições de trabalho. O recrutamento do pessoal, o regime de trabalho, as normas disciplinares e os cuidados com a alimentação continuavam ainda os mesmos das caravelas e dos tumbeiros (navios transportadores de escravos). O código disciplinar da marinha ainda era o mesmo do tempo da monarquia, assim como os processos de recrutamento.

Criminosos e marginais, produtos de uma sociedade que lhes negava um melhor destino, eram colocados lado a lado com homens simples para cumprirem serviço obrigatório durante dez e quinze anos. As desobediências ao regulamento eram punidas com chibatadas e outros castigos.

O Decreto nº 3 de 16 de novembro de 1889, um dia após a Proclamação da República, extinguiu os castigos corporais na armada, mas em novembro do ano seguinte, o marechal Deodoro da Fonseca, contraditoriamente, tornou a legalizá-los: *"Para as faltas leves, prisão e ferro na solitária, a pão e água; faltas leves repetidas, idem idem por seis dias; faltas graves, 25 chibatadas"*.

Como a reclamação dos marujos não foi atendida, eles passaram a conspirar. Alguns fatos contribuíram para que a situação se agravasse. Em estada na Inglaterra, marujos brasileiros perceberam a diferença de tratamento entre eles e os marujos ingleses. A famosa revolta do encouraçado "Potemkim", que corria o mundo nas armadas da época, era lembrada cada vez que um marinheiro sofria a pena disciplinar da chibatada nos conveses das embarcações brasileiras.

Em novembro de 1910, o marinheiro Marcelino Rodrigues foi penalizado com 250 chibatadas. Isso não nos lembra o passado histórico da escravidão e os castigos impostos aos africanos escravizados e aos escravizados nascidos no Brasil? Esses fatos ocorreram após 1888, depois da abolição da escravatura, mas os ranços escravistas persistiam.

O depoimento de João Cândido, chefe da revolta, narra como foi deflagrado o movimento dos marujos:

"O Comitê Geral resolveu, por unanimidade, deflagrar o movimento no dia 22. Naquela noite o clarim não pediria silêncio e sim combate. Cada um assumiu o seu posto e os oficiais de há muito já estavam presos em seus camarotes. Não houve afobação. Cada canhão ficou guarnecido por cinco marujos, com ordem de atirar para matar contra todo aquele que tentasse impedir o levante. Às 22:50, quando cessou a luta no convés, mandei disparar um tiro de canhão, sinal combinado para chamar à fala os navios comprometidos. Quem primeiro respondeu foi o 'São Paulo', seguido do 'Bahia'. O 'Deodoro', a princípio, ficou mudo. Ordenei que todos os holofotes iluminassem o Arsenal da Marinha, as praias e as fortalezas. Expedi um rádio para o Catete, informando que a Esquadra estava levantada para acabar com os castigos corporais.

Os mortos na luta foram guardados numa improvisada câmara mortuária e, no outro dia, manhã cedo, enviei os cadáveres para a terra.

O resto foi rotina de um navio em guerra" (Marília Trindade Barboza, *João Cândido, o almirante negro*, Rio de Janeiro: Gryphus/Museu da Imagem e do Som, 1999).

Assim, no dia 22 de novembro de 1910 a revolta explodiu. João Cândido Felisberto, filho de João Cândido Felisberto e Inácia Felisberto, nascido a 24 de janeiro de 1880, assumiu o comando do encouraçado "Minas Gerais". Na luta morreram muitos homens, entre eles, o comandante Batista das Neves, alguns oficiais e vários marinheiros. Outros marujos tomaram o "São Paulo", o "Bahia" e o "Deodoro". Manobrando os navios de guerra com grande maestria, apontaram seus canhões para pontos estratégicos da cidade, exigindo, em comunicado enviado ao presidente da República, a revolta do Código Disciplinar, o fim das chibatadas e "bolos", e outros castigos, o aumento dos soldos e a preparação e educação dos marinheiros.

A cidade ficou atordoada. Dizem que três mil pessoas fugiram para Petrópolis e as famílias da zona sul abrigaram-se nos subúrbios. O Governo não tinha como enfrentar o poder dos marinheiros revoltosos. Eram 2.379 rebeldes, armados com as mais modernas armas da época.

Sem força para dominar a rebelião, que recebera o apoio da oposição e de parte da população carioca, o marechal Hermes e o parlamento cederam às exigências. Rapidamente aprovaram um projeto – de autoria de Rui Barbosa, que anos atrás tinha apoiado a reinstauração dos castigos – pondo fim aos açoites e concedendo anistia aos revoltosos. A anistia foi votada, a revolta teve o seu fim e os marinheiros desceram as bandeiras vermelhas dos mastros dos seus navios. A revolta havia durado cinco dias e terminava vitoriosa. Desaparecia, assim, o uso da chibata como norma de punição disciplinar na marinha de guerra do Brasil.

Mas nem tudo estava acabado. A imprensa, segundo a maioria dos comentários, não foi inteiramente favorável à solução encontrada; seguem alguns trechos de jornais paulistas da época.

> É bem doloroso para um país forte e altivo ter de sujeitar-se às imposições de 700 ou 800 negros e mulatos.

E o jornal católico intitulado *Universo* escreveu:

> **O Governo suicidou-se e nunca mais recuperará o nome perdido.**

O *Jornal Batista*, dos protestantes, também escreveu:

> **Foi, realmente, uma vergonha que o poder público tivesse de, humilhado, capitular o Congresso Nacional, votando a anistia e o Presidente da República sancioná-la.**
> (Marília Trindade Barboza, op. cit., 1999.)

A leitura dos jornais ligados ao Governo republicano da época do Marechal Hermes da Fonseca levantava uma suspeita: estava sendo tramada uma conspiração contra João Cândido e seus companheiros. O governo não perdoou a ousadia daqueles marujos considerados "sem cultura" e "sem responsabilidade". Ignorando a anistia, baixou um decreto regulamentando o afastamento dos marinheiros julgados indesejáveis e, em seguida, mandou prender 22, entre os quais alguns participantes da revolta de novembro. Interessado em estabelecer uma ditadura para calar a oposição, o Governo da época provocou novo levante, ao espalhar a notícia de que o exército viria punir os fuzileiros do Batalhão Naval. O seu objetivo, como denunciaram os opositores do Governo, era criar um pretexto para a decretação do estado de sítio.

Atemorizados, os marinheiros insubordinaram-se na noite do dia 9 para 10 de dezembro, sendo bombardeados por canhões do exército e da "esquadra branca". Dezenas foram mortos e inúmeros presos, inclusive João Cândido.

Na noite de Natal, foram embarcados no "Satélite", cargueiro do Lóide Brasileiro, 105 ex-marinheiros, 292 homens comuns (desempregados, mendigos etc.), 44 prostitutas e cinquenta praças do Exército que foram sendo fuzilados no decorrer da viagem a Santo Antônio do Madeira.

João Cândido não participou da viagem sinistra. Foi preso com mais dezessete marinheiros numa masmorra na ilha das Cobras. Era conhecido e célebre demais para que o seu desaparecimento deixasse de ser amplamente condenado pelos órgãos de comunicação, com muitos prejuízos para o governo. Ali, quinze morreram sufocados poucos dias depois. João Cândido, um dos sobreviventes, foi internado no hospital dos Alienados, no Rio de Janeiro, onde os médicos negaram que ele estivesse louco. Julgado em novembro de 1912, foi absolvido, assim como todos os marinheiros participantes da revolta. A revolta da Chibata não foi esquecida. Hoje é tema de uma música popular que fala do seu significado na história do Brasil.

O mestre-sala dos Mares

(João Bosco e Aldir Blanc)

Há muito tempo,
Nas águas da Guanabara,
O Dragão do Mar reapareceu,
Na figura de um bravo marinheiro
A quem a história não esqueceu.
Conhecido como Almirante Negro,
Tinha a dignidade de um mestre-sala,
E ao acenar pelo mar
Na alegria das regatas
Foi saudado no porto
Pelas mocinhas francesas,
Jovens polacas e por batalhões de mulatas!
Rubras cascatas
Jorravam das costas dos negros
Entre cantos e chibatas,
Inundando coração
Do pessoal do porão
Que a exemplo do marinheiro gritava: Não!
(...)
Glória a todas as lutas inglórias
Que através da nossa história
Não esquecemos jamais!
Salve o navegante negro
Que tem por monumento
As pedras pisadas do Cais...

(disco: Caça à raposa. RCA Vitor, 1975.)

A perseguição que se seguiu à pessoa de João Cândido, o "Almirante Negro", é absolutamente incompreensível, pois, à diferença das outras rebeliões que já aconteceram no Brasil, a revolta de João Cândido não quis estabelecer uma nova República como no Quilombo de Palmares; não quis inaugurar uma nova sociedade, fundada em novas relações entre as pessoas e formas de governar e não quis, também, realizar amplas reformas de base. Quis simplesmente restabelecer a dignidade na vida de uma parcela da população brasileira. Quantas pessoas, que se assemelham a esse homem, um herói negro, nem sempre são lembradas com a devida justiça em nossa história?

João Cândido, o marinheiro gaúcho, o "Almirante Negro", morreu no dia 6 de dezembro de 1969. Tinha 89 anos. Até pouco mais de seus oitenta anos, trabalhou na descarga dos pesqueiros, na Praça XV. Leonel Brizola, quando governador, concedeu-lhe uma pensão. João Cândido morreu pobre e doente e continuou amando a marinha e o Brasil.

João Cândido, marinheiro de 1ª classe, comandante do "Minas Gerais" e da esquadra revoltada.

João Cândido à luz do lampião (*João Cândido, o almirante negro*, Rio de Janeiro, Gryphus/Museu da Imagem e do Som, 1999).

Apesar de ser um final triste para um homem que deveria ser considerado um herói, é importante não desanimar e não pensar que a história da resistência negra está fadada ao fracasso. Pelo contrário, a herança de coragem, força e organização que os nossos ancestrais africanos e negros brasileiros deixaram é digna de orgulho e deve ser contada e recontada.

É preciso lembrar que, nos anos de opressão colonial, da escravidão, da ditadura e até mesmo na atualidade, quando assistimos, no processo de globalização da miséria, a imposição de países desenvolvidos sobre outros que vivem uma história de pobreza e de busca de desenvolvimento, todos aqueles que se opõem ao poder "nadam contra a correnteza" e estão sujeitos a receber os duros golpes dos dominantes. O que gostaríamos de ressaltar é que muitos desses bravos personagens da nossa história são lembrados e estudados, mas, nem sempre, os homens e mulheres negras que também se destacaram na luta contra a opressão e a dominação recebem o mesmo tratamento. O povo brasileiro tem muito que se orgulhar dos muitos homens e mulheres negras anônimos que ajudaram a construir esta nação com a sua capacidade de organização e de luta.

A imprensa negra

Em meados dos anos XX, assistiu-se ao surgimento da imprensa negra independente, em São Paulo, feita por homens de baixas posses como José Corrêa Leite, auxiliar de farmácia, Jayme Aguiar, pequeno funcionário, e outros homens negros do mesmo nível social. O que caracterizou os jornais organizados por esses e outros homens foi o fato de viverem apenas dos escassos recursos da comunidade negra. A situação desses órgãos era de muita luta: não tinham anunciantes e a venda avulsa não compensava. É importante conhecer essa "outra história" para superar uma ideia equivocada que persiste em nossa sociedade de que a comunidade negra sempre foi iletrada, analfabeta e desorganizada. O depoimento de Jayme Aguiar conta o surgimento e o modo como esses jornais funcionavam:

"Os negros tinham jornais das sociedades dançantes e esses jornais das sociedades dançantes só tratavam dos seus bailes, dos seus associados, o disse-que-disse, as críticas adequadas, como faziam os jornais dos brancos que existiam naquela época: jornal das costureiras, jornais das moças que trabalhavam nas fábricas. Etc. O negro ficava de lado porque ele não tinha meios de comunicação. Então esse meio de comunicação foi efetuado através dos jornais negros da época. São esses jornais que nós conhecemos e que tratavam

do movimento associativo das sociedades dançantes. O Xauter, o Bandeirante, o Menelik, o Alfinete, o Tamoio e outros mais. O Menelik foi um dos primeiros jornais associativos que surgiram em São Paulo, criado pelo poeta negro Deocleciano Nascimento, falecido, mais ou menos, há uns oito anos atrás. Esse Menelik por causa da época da Abissínia com a Itália teve repercussão muito grande dentro de São Paulo. Todo negro fazia questão de ler o Menelik . E tinha, também, o Alfinete. Pelo título do jornal os senhores já estão vendo: cutucava os negrinhos e as negrinhas... Depois, então, é que surgiram os negros que queriam dar alguma coisa de mais elevação, de cultura, de instrução e compreensão para o negro. Então surgiram os primeiros jornais dos negros dentro de um espírito de atividade profunda. Modéstia à parte, eu e o Corrêa Leite, a 6 de janeiro de 1924, fundamos O Clarim. O Clarim, em primeiro lugar, chamava-se simplesmente O Clarim. Mas existia, como existe ainda hoje em Matão, O Clarim, o grande jornal espírita. A redação de O Clarim era na minha casa, na rua Rui Barbosa. Nós publicávamos o jornal com pseudônimo: Jin de Araguari e Leite. Foi uma espécie de hieróglifo que formamos para não aparecermos como jornalistas. Depois, esse jornal foi tomando projeção. Eu devo – fazendo um parêntese – de minha parte uma grande influência na fundação do jornal a um amigo meu, falecido, e que na época era estudante de direito: José de Molina Quartin Filho, que tinha o pseudônimo que tinha o pseudônimo de Joaquim Três. Ele trabalhava no Correio Paulistano e fazia crônica carnavalesca na época, com Menotti del Picchia, que na época fazia crônica com o pseudônimo de Helius. Eu e o Quartin trabalhávamos juntos numa mesma repartição". (Depoimento gravado durante o ano de 1975)

A Frente Negra Brasileira

Vários autores e autoras têm estudado a história da Frente Negra Brasileira, uma importante entidade do movimento negro. Para compreender a trajetória dessa outra forma de resistência negra vamos lançar mão das contribuições do historiador Clóvis Moura (1983) e do escritor Márcio Barbosa (1998).

A Frente Negra Brasileira foi fundada em 16 de setembro de 1931. Sua sede central situava-se na rua da Liberdade, 196, na cidade de São Paulo. Sua estrutura organizacional já era bem complexa, muito mais do que a quase inexistente dos jornais negros que a precederam e possibilitaram o seu aparecimento. Era dirigida por um grande conselho, constituído de vinte membros, selecionando-se, dentre eles, o chefe e o secretário. Havia, ainda, um Conselho Auxiliar, formado pelos Cabos Distritais da Capital. Dentre os seus fundadores encontramos o militante negro, dramaturgo, ator e ex--senador da república Abdias do Nascimento.

Criou-se, ainda, uma milícia frentenegrina, organização paramilitar. Os seus componentes usavam camisas brancas e recebiam rígido treinamento militar. Segundo Francisco Lucrécio, um dos seus fundadores, em depoimento resgatado pelo historiador Clóvis Moura, a Frente Negra foi fundada por ele e outros companheiros embaixo de um poste de iluminação. Inicialmente (ainda segundo esse militante), houve muita incompreensão por parte da sociedade da época em relação aos objetivos dessa organização. Diziam que seus integrantes estavam fazendo uma discriminação ao contrário. No entanto, com o tempo, a Frente Negra foi conseguindo a confiança não somente da população mas, também, das autoridades.

"Os meus membros possuíam carteira que os identificava, com retratos de frente e de perfil. Quando as autoridades policiais encontravam um negro com esse documento, respeitavam-no porque sabiam que, na Frente Negra, só entravam pessoas de bem" (depoimento prestado no Clube Coimbra em 26 de junho de 1976).

Delegação de aniversário da Frente Negra Brasileira em 1935 (Negro de corpo e alma, Black and body and soul, Mostra do Redescobrimento, 2000).

Francisco Lucrécio, no seu depoimento, relata que conseguiram acabar com a discriminação racial que existia na então Força Pública de São Paulo, que não aceitava negros nos seus quadros. A Frente Negra inscreveu mais de quatrocentos negros, tendo muitos deles feito carreira.

"Alguns negros não aceitavam a Frente Negra Brasileira pois o seu presidente Arlindo Veiga dos Santos era monarquista" (depoimento de Francisco Lucrécio, prestado no Clube Coimbra em 26 de junho de 1976).

Em face dos êxitos alcançados a Frente Negra resolveu transformar-se em partido político, em 1936. Houve, inclusive, discussões entre os membros do Tribunal quando o pedido de registro foi apresentado. Mas, apesar de tudo, ela conseguiu ser registrada.

A Frente Negra, estruturada inicialmente em São Paulo, teve núcleos fundados em outros estados como Rio de Janeiro, Pernambuco, Bahia, Rio Grande do Sul, entre outros. A sua proposta fundamentava-se em uma filosofia educacional, acreditando que o negro venceria à medida que conseguisse firmar-se nos diversos níveis da ciência, das artes e da literatura. Nesse sentido, os frentenegrinos davam um grande valor à educação.

Com o golpe do Estado Novo de Getúlio Vargas, em 10 de novembro de 1937, a Frente Negra que se caracterizava como partido político é fechada, junto a outros partidos da época. Instaura-se a ditadura.

Raul Joviano do Amaral tentou conservar a organização, fundando a União Negra Brasileira. Mas a repressão do Estado Novo era muito acirrada. Seu jornal, A *Voz da Raça*, deixou de circular e, em 1938, a União Negra Brasileira deixa de existir.

A ditadura do Estado Novo não atingiu só a Frente Negra mas todas as organizações populares e democráticas da época. Daí o fato de vermos na Grande São Paulo, funcionando para os negros, apenas clubes de lazer de uma pequena burguesia como o "Aristocrata", pois tudo aquilo que tinha uma representatividade popular e política foi reprimido. Nesse contexto, as organizações negras praticamente se retiram do cenário político para depois somar forças. O movimento negro reproduz a crise institucional que a sociedade brasileira passa a enfrentar, pois, assim como outros grupos e organizações, esse movimento vivia e sofria todos os processos históricos e políticos da nossa sociedade.

Existe uma visão de que a Frente Negra teria sido uma organização conservadora, de direita. Critica-se o fato de que a Frente não se interessava por uma transformação mais profunda na ordem social e nas relações e comportamentos da população branca, limitando-se a afirmar a existência do preconceito de cor. Outra crítica refere-se ao fato de que a Frente desprezava a democracia liberal, mantendo uma admiração aberta pelo fascismo europeu, com alguns líderes monarquistas.

Segundo o escritor Márcio Barbosa (1998), muito dessa visão sobre o caráter conservador da Frente Negra deve-se ao fato de que o seu presidente, Arlindo Veiga dos Santos, apesar de ser um líder carismático, era um dedicado militante monarquista e nutria simpatias pelo fascismo, prezando com muita determinação regras de disciplina e autoridade.

Escola da Frente Negra com duas professoras ao fundo (a da esquerda é a professora Gersen).

Palestra na Frente Negra. O presidente Justiniano Costa encontra-se em pé, lendo. O secretário Francisco Lucrécio está em primeiro plano, à mesa que, coberta com a bandeira brasileira, tem também a bandeira da Frente, com a palmeira.

Almoço da Frente Negra. Em primeiro plano, de uniforme branco, encontram-se componentes da banda frentenegrina. Ao fundo, à esquerda, de óculos, está Arlindo Veiga dos Santos (Márcio Barbosa, *Frente negra brasileira, depoimentos*, São Paulo, Quilombohoje, 1998).

Para Márcio Barbosa essa questão deve ser refletida sob outra perspectiva.

"Parece-me que a questão é mais ampla. A Frente abrigou diversas tendências, não sem conflitos. Surgiu num período agitado, atravessou a revolução constitucionalista, viu aparecerem movimentos de esquerda, como a intentona comunista, e de direita como o integralismo. Na época da sua fundação, em 1931, a maioria da população afro-brasileira vivia na zona rural. Pode-se estimar, a partir de dados do Anuário Estatístico do Brasil, *que a população negra no município de São Paulo, nessa época, fosse em torno de cem mil pessoas em uma população total de 922.017 pessoas, ou seja, negros representavam cerca de 11% do total.*

As condições de vida eram precárias. A maioria era analfabeta, morava em cortiços e trabalhava em subempregos. Não houve políticas públicas no país que visassem proporcionar aos descendentes de africanos chances de conseguir uma boa qualidade de vida, ao contrário do que aconteceu com os imigrantes. No aspecto saúde, a situação era tão grave que se previa o desaparecimento da população negra e uma das causas seria a tuberculose.

A Frente Negra ofereceu, a essa população marginalizada, possibilidades de organização, educação e ajuda no combate à discriminação racial. Incentivou a conquista de posições dentro da sociedade e a aquisição de bens. Foi, sem dúvida, conservadora, expressava aspirações de negros de classe média e teve concepções políticas limitadas. Mas tentou dar aos afro-brasileiros condições de se integrarem à sociedade capitalista e conseguiu resposta popular, como prova o grande número de filiais que estabeleceu e de associados que conquistou. Configura-se como uma das grandes mobilizações negras no contexto urbano e sua trajetória é um capítulo importante da história do povo afro-brasileiro" (Frente Negra Brasileira – depoimentos, São Paulo: Quilombohoje, 1998, p. 10-12).

Podemos concluir que a Frente Negra Brasileira foi uma entidade extremamente representativa dos desejos e aspirações da população negra da década de 30. Ela desempenhou, na história do negro brasileiro, um lugar que o Estado não ocupou em relação à população negra: ofereceu escola, assistência na área de saúde e social, e teve uma atuação política muito marcante.

O negro e a redemocratização: o Teatro Experimental do Negro (TEN)

A partir de 1943, começou no Brasil um intenso movimento pela volta da democracia. Os danos causados pelo Estado Novo no Brasil e a segunda grande guerra em curso aumentaram ainda mais a consciência de direitos de uma parcela da população brasileira. É nesse contexto que também os negros continuam a sua luta para se organizarem, exigindo seus direitos.

No ano de 1944, surge na cidade do Rio de Janeiro o Teatro Experimental do Negro (TEN). Esse grupo, fundado e dirigido por Abdias do Nascimento, tinha o objetivo de abrir as portas das artes cênicas brasileiras para os atores e atrizes negros. O TEN foi responsável também pela publicação do jornal Quilombo, o qual retratou o ambiente político e cultural de mobilização antirracista no Brasil, no início da democracia contemporânea.

Ensaio de O Imperador Jones, de Eugene O'Neill, 1944, pelo Teatro Experimental do Negro (TEN) (*Revista do Patrimônio Histórico e Artístico Nacional*, Instituto do Patrimônio Histórico e Artístico Nacional do Ministério da Cultura, n. 25, *Negro brasileiro Negro*, 1997).

O TEN não era só um grupo de atores e atrizes negras que queriam representar, mas uma frente de luta, um polo de cultura que tinha como objetivo a libertação cultural do povo negro. Ele queria dar uma leitura a partir do olhar do próprio negro e da herança africana à cultura produzida pelo negro no Brasil, distanciando-se da forma ocidental de entender e ver a cultura negra. Segundo Abdias do Nascimento,

> *"Todos estavam acostumados a colocar que o Teatro nasceu na Grécia, mas mil anos antes já havia textos dramáticos no Egito Negro. Precisávamos, então, criar personagens baseados na mitologia africana porque foi a partir da África que essa cultura se expandiu e foi copiada pelos negros. A raça negra tem mitologia e filosofias bem fundamentadas e isso era o que queríamos mostrar"* (*Eparrei.* Santos: Casa de Cultura da Mulher Negra, n. 4, ano II, p. 29-31, 2003).

Além de montar espetáculos teatrais o grupo do Teatro Experimental do Negro promovia cursos de alfabetização.

> *"Queríamos que os negros soubessem ler e escrever para conseguir melhores condições de vida e maior competitividade no mercado de trabalho"* (Abdias do Nascimento. Teatro Experimental do Negro: trajetórias e reflexões. In: Joel Rufino dos Santos (org.). *Negro Brasileiro Negro:* Revista do Patrimônio Histórico e Artístico Nacional, Brasília, n. 25, p. 72-73, 1997).

Foram também organizadas duas conferências nacionais sobre o negro, um congresso e a luta para que a discriminação racial fosse considerada crime, além do estabelecimento de políticas públicas.

O jornal *Quilombo,* publicado pelos militantes negros do TEN foi uma produção muito diferente dos outros jornais militantes que o antecederam. Segundo o sociólogo Antônio Sérgio Guimarães, talvez o mais importante motivo dessa diferença tenha sido a sua inserção e sintonia com o mundo cultural brasileiro e internacional. Da mesma forma que os melhores jornais americanos ou franceses da época, o Quilombo congregava, num mesmo espaço político e cultural, intelectuais negros e brancos, que possuíam uma visão crítica sobre o racismo e a situação do negro brasileiro: Guerreiro Ramos, Ironildes Rodrigues, Edison Carneiro, Solano Trindade, Nelson Rodrigues, Rachel de Queiroz, Gilberto Freyre, Orígenes Lessa, Roger Bastide, entre outros. Autores como Cruz e Souza, José do Patrocínio e Luís Gama eram reverenciados nas páginas do jornal. O jornal também publicou artigos de intelectuais estrangeiros, discutiu música, cinema, teatro, poesia, religião feitos por negros brasileiros, mostrando que havia um pensamento intelectual produzido pelos afro-brasileiros na vida nacional. Um pensamento produzido por pessoas negras na cor e negras enquanto compromisso político com a afirmação da identidade e da cultura negra.

Jornal Quilombo — Vida, problemas e aspirações do negro, ano 1, n. 1 (edição fac-similar do jornal dirigido por Abdias do Nascimento, São Paulo, Fusp — Fundação de Apoio à Universidade de São Paulo/Editora 34, 2003).

Em vários estados do país, proliferaram organizações negras de diferentes aspectos: cultural, político, recreativo, intelectual e literário. Esse movimento em prol da participação do povo na vida nacional acontecia de uma maneira geral na sociedade brasileira, e o segmento negro da população acompanhava todo esse processo, enfatizando a dimensão racial e a luta contra o preconceito e a discriminação.

Através do TEN a sociedade e as artes cênicas conheceram atores e atrizes negras competentes, expressivos e talentosos. Alguns são mais conhecidos do grande público e outros são nomes cujo talento é reconhecido apenas dentro do circuito artístico e por pessoas da geração do TEN. Vamos citar alguns: Aguinaldo Camargo, Grande Otelo, Ruth de Souza, Haroldo Costa, Lea Garcia, Abdias do Nascimento, entre outros. Mas o mais interessante é ler o relato de Abdias do Nascimento, um dos fundadores do TEN, ao relembrar o início desse movimento de valorização social do negro no Brasil através da educação, da cultura e da arte.

> *"Polidamente rechaçada pelo então festejado intelectual Mário de Andrade, de São Paulo, minha ideia de um Teatro Experimental do Negro recebeu as primeiras adesões: o advogado Aguinaldo de Oliveira Camargo, companheiro e amigo desde o Congresso Afro-Campineiro que realizamos juntos, em 1938; o pintor Wilson Tibério, há tempos radicado na Europa; Teodorico dos Santos e José Herbel. A estes cinco, se juntaram logo depois Sebastião Rodrigues Alves, militante negro; Arinda Serafim, Ruth de Souza, Marina Gonçalves, empregadas domésticas; o jovem e valoroso Claudiano Filho; Oscar Araújo, José da Silva, Antonieta, Antonio Barbosa, Natalino Dionísio, e tantos outros.*
>
> *Teríamos que agir urgentemente em duas frentes: promover, de um lado, a denúncia dos equívocos e da alienação dos chamados estudos afro-brasileiros, e fazer com que o próprio negro tomasse consciência da situação objetiva em que se achava inserido. Tarefa difícil, quase sobre-humana, se não esquecermos a escravidão espiritual, cultural, socioeconômica e política em que foi mantido antes e depois de 1888, quando teoricamente se libertará da servidão.*
>
> *A um só tempo o TEN alfabetizava seus primeiros participantes, recrutados entre operários, empregados domésticos, favelados sem profissão definida, modestos funcionários públicos – e – oferecia-lhes uma nova atitude, um critério próprio que os habilitava também a ver, enxergar o espaço que ocupava o grupo afro-brasileiro no contexto nacional"* (Abdias do Nascimento, op. cit.).

Solano Trindade: o poeta maior

Ao falarmos sobre o TEN, não podemos deixar de relembrar a importância de um dos seus criadores, Solano Trindade.

Solano Trindade foi um dos maiores poetas negro que o Brasil já conheceu, segundo ninguém menos do que o escritor e poeta Carlos Drumond de Andrade. Foi também ator, pintor, cineasta e um dos criadores do Teatro Experimental do Negro. Esse pernambucano conquistou prêmios internacionais e, apesar de ser conhecido no exterior, as novas gerações de brasileiros desconhecem a trajetória desse filho de um humilde sapateiro do bairro São José que viveu para cantar a sua gente.

Solano Trindade (Madalena Schwartz, 1969, 40 x 30, Instituto Moreira Salles S.P.) (Negro de corpo e alma, Black and body and soul, Mostra do Redescobrimento, 2000).

O pernambucano Francisco Solano Trindade nasceu no Recife a 24 de julho de 1908. Segundo vários críticos, o criador da poesia "assumidamente negra" no Brasil. Premiado no exterior, elogiado por celebridades como Darcy Ribeiro, Sérgio Milliet e outros, o negro "e pobre" escritor recifense é muito pouco lembrado, apesar de tudo o que fez pela cultura e pelas artes do país.

Depois que deixou o Recife e fixou residência no Rio de Janeiro, Solano Trindade foi o idealizador do 1º Congresso Afro-brasileiro e, anos mais tarde (1945), criou, com Abdias do Nascimento, o Teatro Experimental do Negro.

Em 1932 criou, no Recife, a Frente Negra Pernambucana, mas o movimento não vingou. Enquanto viveu entre as capitais Rio de Janeiro e São Paulo, sua obra ganhava fama entre a crítica nacional e repercutia no exterior, mas nunca deixou de realizar oficinas para operários, estudantes e desempregados. Em 1944, durante a ditadura do Estado Novo, por conta do poema "Tem gente com fome", foi preso e teve o livro *Poemas de uma vida simples* apreendido.

A partir de 1950, concretizou um dos seus grandes sonhos, fundando, com o apoio do sociólogo Edison Carneiro, o Teatro Popular Brasileiro (TPB). Em 1955, criou o Brasiliana, grupo de dança brasileira que bateu recorde de apresentações no exterior. No teatro, foi Solano Trindade quem primeiro encenou (1956) a peça *Orfeu*, de Vinicius de Moraes, depois transformada em filme pelo francês Marcel Cammus.

Todo o trabalho de Solano Trindade, quer no teatro, dança, cinema ou literatura, tinha como características marcantes o resgate da arte popular e, sobretudo, a luta em prol da independência cultural do negro no Brasil.

Em 1964, um dos seus quatro filhos, Francisco, morreu assassinado num presídio carioca durante a ditadura militar. A 20 de fevereiro de 1974, Solano Trindade morreu como indigente, numa clínica em Santa Tereza, no Rio de Janeiro.

Uma das poucas tentativas de trazer de volta o nome de Solano Trindade para o grande público ocorreu em 1975, quando o poema "Tem gente com fome" iria integrar o disco do extinto conjunto Secos & Molhados. Mas, como explicou João Ricardo que musicou o poema, problemas com a censura impediram a gravação. Só na década de 1980, é que o cantor Ney Matogrosso gravaria a canção. Em 1976, a escola de samba "Vai-Vai" do Bexiga, São Paulo, desfilou no carnaval com o enredo em homenagem ao poeta. Além disso, uma pequena editora, a Cantos e Prantos, em São Paulo, reuniu a obra do poeta no volume "Solano Trindade – o poeta do povo".

O poeta teve quatro filhos: Raquel, Godiva, Liberato e Francisco Solano.

Tem gente com fome

Trem sujo da Leopoldina
correndo correndo
parece dizer
tem gente com fome
tem gente com fome
tem gente com fome
Piiiiiii
estação de Caxias
de novo a dizer
tem gente com fome

tem gente com fome
tem gente com fome
Vigário Geral
Lucas
Cordovil
Brás de Pina
Penha Circular
Estação da Penha
Olaria
Ramos
Bom Sucesso
Carlos Chagas
Triagem, Mauá
trem sujo da Leopoldina
correndo correndo
parece dizer
tem gente com fome
tem gente com fome
tem gente com fome
Tantas caras tristes
querendo chegar
em algum destino
em algum lugar
Trem sujo da Leopoldina
correndo correndo
parece dizer
tem gente com fome
tem gente com fome
tem gente com fome
Só nas estações
quando vai parando
lentamente começa a dizer
se tem gente com fome
dá de comer
se tem gente com fome
dá de comer
se tem gente com fome
dá de comer

Mas o freio de ar
todo autoritário
manda o trem calar
Psiuuuuuuuuu

(Solano Trindade)
(Disponível em: <http://www.pe-az.com.br/destaque_mes_solano.htm>.)

A resistência negra na ditadura

Em 1964, a sociedade brasileira viveu mais um duro golpe: a instauração da ditadura militar. O uso da força foi adotado para fazer calar e reprimir todo e qualquer movimento popular, toda e qualquer organização política que se colocasse contra o regime ditatorial aqui instituído. A ditadura impunha ao povo brasileiro o que deveria ser estudado nas escolas de educação básica, nas universidades, o que deveria ser veiculado na imprensa, na televisão, no rádio. Músicas foram censuradas, estudantes, intelectuais, políticos foram presos, torturados e exilados.

A população negra sofria, enquanto povo brasileiro, todas as atrocidades da ditadura e, nesse período, os grupos negros de protesto contra o racismo também foram reprimidos.

Mas sabemos também que, mesmo sob o controle da ditadura militar, continuaram acontecendo em todo o Brasil movimentos de resistências e manifestações pela volta da democracia e por melhores condições de vida para a população. Denúncias, lutas, imprensa alternativa, organizações políticas, várias foram as formas de resistência ao militarismo.

A partir dos anos 70, do século XX, a luta contra o racismo é reavivada, assim como a luta dos trabalhadores brasileiros de um modo geral. Os movimentos sociais que a ditadura tentou calar, ergueram novamente as vozes e no final da década de 1970 e início dos anos 80, as greves dos trabalhadores e trabalhadoras de diversas categorias pipocaram na nação brasileira. Alguns pesquisadores chamam esse momento do surgimento dos novos movimentos sociais, quando grupos que até então não haviam se articulado politicamente organizam-se e lutam contra a ditadura e pela restauração da democracia.

A luta contra o racismo começa a se dar juntamente com a luta do trabalhador contra a exploração capitalista. Novos contornos surgem na relação entre raça e classe social. Os negros começam a denunciar que a exploração socioeconômica atinge de maneira diferente negros e brancos e que a superação do racismo e da discriminação racial não será alcançada simplesmente com a mudança da situação de classe. É importante somar esforços na luta contra a desigualdade social e racial.

Essa percepção arguta dos negros que viveram no contexto da sociedade brasileira, no final dos anos 1970 e início dos anos 1980 do século XX, extrapolou os fóruns da militância negra e veio ao debate público. Em meados dos anos 90, estudos sobre relações raciais, estatísticas oficiais e pesquisas sobre desigualdades raciais no Brasil realizadas pelo Instituto de Pesquisa Econômica Aplicada (IPEA), uma fundação do Ministério do Planejamento e Gestão, comprovaram a existência do racismo em nossa sociedade e demonstraram como ele é um fator de agravamento da situação de exclusão e desigualdade vivida pelas camadas populares brasileiras. As pesquisas explicitaram o que o Movimento Negro já apontava há muitos anos: a pobreza, no Brasil, tem cor.

Na década de 1970, no século XX, um fato importante que não podemos nos esquecer é de que, em 1978, ocorreu uma manifestação de vários grupos negros em São Paulo. Reunidos nas escadarias do Teatro Municipal protestaram contra a morte sob torturas do trabalhador negro Róbson Silveira da Luz e a discriminação sofrida por quatro atletas juvenis negros, expulsos do Clube de Regatas Tietê, em São Paulo.

Durante o ato público que acompanhou a manifestação, ocorreu a unificação de várias organizações negras, nascendo assim o Movimento Negro Unificado, mais conhecido como MNU, que tornou-se uma das principais entidades negras da atualidade, e possui um caráter nacional, com sedes em Minas Gerais, Bahia, Rio de Janeiro, São Paulo e em outros estados. A luta contra a discriminação racial, as propostas para a superação do racismo na educação escolar, a discussão da questão racial dentro dos partidos da esquerda brasileira, a formação de lideranças políticas negras para atuar nas esferas políticas são algumas das muitas ações do MNU desde a sua fundação.

O dia 20 de novembro

Durante muito tempo, quando se realizava alguma comemoração sobre a questão do negro no Brasil, somente a data do dia 13 de maio, dia da assinatura da Lei Áurea, em 1888, abolindo a escravatura no Brasil era lembrada.

Nas escolas da educação básica, o mais comum era que as crianças negras se fantasiassem de escravos e sempre uma menina branca e, de preferência, loura, era escolhida para representar a princesa Isabel. Os livros didáticos também apresentavam essa data como o dia da libertação dos negros, e nada se estudava ou discutia sobre a resistência e a luta por parte dos africanos escravizados e seus descendentes nascidos no Brasil, sob o regime da escravidão.

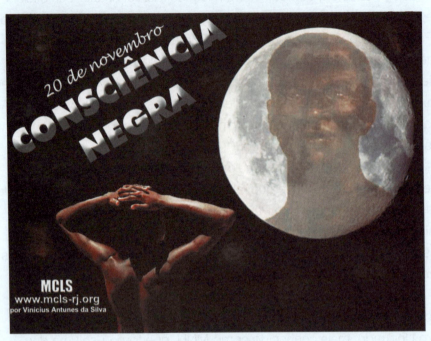

Cartaz do Dia da Consciência Negra (Autor: Vinícius Antunes da Silva/http://mcls-rj.sites.uol.com.br/papel2.htm)

As entidades do movimento negro surgidas a partir dos anos 70 denunciaram e muito esse equívoco e essa distorção. Lutaram para que a escola e a sociedade brasileira passassem a se lembrar das lideranças negras, das muitas formas de resistência desse povo.

Um dos papéis importantes do movimento negro da atualidade foi denunciar que o dia 13 de maio não deveria ser comemorado como uma data que enfatizava a suposta passividade do negro diante da ação libertadora do branco. Durante a escravidão, os movimentos de luta e resistência negra foram muitos e variados e aconteceram em diversas regiões do país. Dessa forma, os movimentos negros atribuem, atualmente, um significado político ao 13 de maio, vendo-o como o dia Nacional de Luta contra o Racismo.

Além disso, o movimento negro trouxe para a sociedade brasileira mais uma data importante a ser lembrada e comemorada. Trata-se do dia 20 de novembro, dia da morte do líder Zumbi, do Quilombo dos Palmares. Hoje,

Zumbi é considerado um dos principais símbolos da luta contra todas as formas de opressão e exclusão que continuam a castigar os descendentes de africanos no Brasil.

A ideia de marcar esse dia nasceu em Porto Alegre, no Rio Grande do Sul. A iniciativa foi, segundo o historiador Alfredo Boulos Júnior, do poeta Oliveira Silveira, membro do Grupo Palmares, uma associação cultural negra. Ao tomarem contato com o livro O Quilombo de Palmares, do baiano Edison Carneiro, os membros dessa associação concluíram que Palmares foi a maior manifestação de resistência negra ocorrida na história do Brasil.

Assim, no dia 20 de novembro de 1971, um sábado, no Clube Náutico Marcílio Dias, fez-se a primeira grande homenagem a Zumbi dos Palmares. Desde então, os movimentos negros começaram a valorizar o dia 20 de novembro até que, em Salvador, no dia 7 de julho de 1978, o Movimento Negro Unificado — MNU propôs o dia 20 de novembro como Dia Nacional da Consciência Negra. A proposta foi aceita por vários grupos, associações e movimentos negros de todo o país. O dia 20 tornou-se uma data que resgata e traz para a memória nacional o sentido político da luta, da resistência e da garra dos negros e das negras no Brasil.

Dessa forma, podemos dizer que a partir da década de 1970, a figura de Zumbi passou a ganhar a dimensão que possui hoje, de uma valorização inserida no contexto da luta contra o "mito da democracia racial". Uma história contada e presente em nosso imaginário sobre o tipo de relações raciais desenvolvidas no Brasil, que apregoa que a escravidão no Brasil não teria sido tão violenta quanto dizem nem tampouco desencadeado tanta resistência. Nessa perspectiva, a escravidão negra é vista como um fenômeno necessário na construção da nossa história. O negro é visto como um sujeito dócil e subordinado à elite branca, biologicamente inferior, que aceita essa situação e mantém uma relação de cordialidade com os senhores e senhoras de escravos. Além disso, o mito da democracia racial inculca na mentalidade social da nossa sociedade a ideia de que os diferentes grupos étnico-raciais aqui existentes viveram e ainda vivem relações raciais harmoniosas e menos tensas do que aconteceu em outros países escravocratas do mundo.

Para se contrapor a essa ideia, a figura de Zumbi surge, no interior do movimento negro, para representar o negro ativo e rebelde, que resistiu à escravidão e lutou pela liberdade até a morte. Lembrar e comemorar a figura de Zumbi é ir contra a figura negra do "Pai-João", que aceita sua condição escrava sem pestanejar e ainda ajuda os senhores. Essa visão ainda é muito explorada em livros didáticos, em filmes, novelas, em textos literários etc.

O guerreiro Zumbi, pela sua resistência e coragem, tornou-se símbolo dos movimentos negros no Brasil. Os movimentos negros instituíram o dia da morte de Zumbi como uma data a ser lembrada pelo seu conteúdo histórico e político.

Para a educação das crianças negras, aprender desde cedo a história de personalidades negras como Zumbi e apresentar a resistência negra, contribui para que cresçam com uma imagem muito mais positiva de si mesma e dos seus ancestrais. A construção dessa imagem positiva é importante para todos nós, negros e brancos, pois poderá nos ajudar a compreender, aceitar, reconhecer e respeitar as diferenças.

Em 2003, o presidente Luiz Inácio Lula da Silva, sancionou a Lei n° 10.639, do dia 09/01/2003 que institui a obrigatoriedade da inclusão do ensino da História da África e da Cultura Afro-brasileira nos currículos dos estabelecimentos públicos e particulares de ensino da educação básica. Essa lei também acrescenta que o dia 20 de novembro deverá ser incluído no calendário escolar como dia nacional da consciência negra.

Nos dias atuais, os municípios de Campinas, Limeira, Hortolândia, Ribeirão Pires, Santa Bárbara D'Oeste no Estado de São Paulo, União dos Palmares em Alagoas, Cuiabá em Mato Grosso, Pelotas e Porto Alegre no Rio Grande do Sul e Macapá instituíram o dia 20 de novembro como feriado municipal. O Estado do Rio de Janeiro, durante o governo de Benedita da Silva, aprovou o feriado em nível estadual.

Toda essa mudança não se deu por boa vontade das autoridades. Ela é fruto da luta da comunidade negra de um modo geral e do movimento negro, em específico.

Outra conquista recente do movimento negro brasileiro refere-se à criação, pelo governo federal, da Secretaria Especial de Promoção de Políticas de Igualdade Racial (SEPPIR) no dia 21 de março de 2003, comemorado como Dia Internacional pela Eliminação da Discriminação Racial. Essa secretaria que funciona como um ministério, dirigida, em 2004, pela feminista negra Matilde Ribeiro, tem como competência a coordenação de políticas públicas para proteger o direito de indivíduos e grupos raciais e étnicos, com ênfase para a população negra, afetada por discriminações e demais formas de intolerância. A SEPPIR possui um conselho constituído por representantes de entidades e instituições da sociedade civil, comprometidas com a justiça social e com a superação das desigualdades raciais e étnicas em nosso país.

O movimento de mulheres negras

No contexto de organização do movimento negro brasileiro não podemos nos esquecer do importante papel assumido pelas mulheres negras e suas organizações.

Apesar das transformações nas condições de vida e papel das mulheres em todo o mundo, em especial a partir dos anos de 1960, a mulher negra continua vivendo uma situação marcada pela dupla discriminação: ser mulher em uma sociedade machista e ser negra numa sociedade racista

Algumas feministas negras costumam refletir que a situação da mulher negra no Brasil, apesar dos avanços, ainda tem muito que mudar. A mulher negra que, no período escravista, atuava como trabalhadora forçada, após a abolição, passa a desempenhar trabalhos braçais, insalubres e pesados. Essa situação ainda é a mesma para muitas negras no terceiro milênio.

A mulher negra tem sido aquela que cuida da casa e dos filhos de outras mulheres para que estas possam cumprir uma jornada de trabalho fora de casa. Sendo assim, quando falamos que a mulher moderna tem como uma das suas características a saída do espaço doméstico, da casa, para ganhar o espaço público da rua, do mundo do trabalho, temos que ponderar que, na vida e na história da mulher negra, a ocupação do espaço público da rua, do trabalho fora de casa já é uma realidade muito antiga.

A compreensão e sensibilidade para com a história específica das mulheres negras nem sempre ocuparam a atenção do movimento negro de um modo geral e nem do movimento feminista. Isso levou as mulheres negras a questionar a ausência da discussão do gênero articulada com a questão racial dentro do movimento feminista e do movimento negro e a iniciar uma luta específica. É assim que começa a se organizar o movimento de mulheres negras que, hoje, conta com vários tipos de entidades, em diferentes lugares do Brasil, com tendências, concepções políticas e atuação variadas.

As mulheres negras também se organizam em Organizações Não Governamentais (ONG's) e têm realizado vários trabalhos de denúncia contra o racismo, cursos, palestras, projetos e debates sobre: educação sexual, saúde reprodutiva, doenças sexualmente transmissíveis, concepção e nascimento, doenças étnicas, direitos humanos, educação, entre outros.

Para refletir um pouco mais sobre a situação da mulher negra no Brasil, vamos ler dois artigos da mulher negra, escritora e feminista Alzira Rufino, fundadora da Casa de Cultura da Mulher Negra (Santos-SP) e editora da Revista Eparrei. Esses artigos, publicados em 2003, nos ajudam a entender um pouco da história das mulheres negras e de suas lutas em prol de uma maior igualdade de gênero, social e racial.

Avanço das mulheres. Que mulheres?

Décadas de avanço no status das mulheres em todo mundo e no Brasil, e a mulher negra continua associada às funções que ela desempenhava na sociedade colonial imediatamente após a abolição. É, em sua maioria, a empregada doméstica, a lavadeira, a faxineira, a cozinheira. É a trabalhadora que saiu dos trabalhos forçados do escravagismo diretamente para os trabalhos braçais, mais insalubres, mais pesados, nesta virada do terceiro milênio.

As estatísticas mostram os avanços das mulheres no Brasil. O censo de 1980 mostra em que profissão há uma maior concentração feminina: empregada doméstica, secretárias, professoras, vendedoras/balconistas e enfermeiras.

Uma década depois, em 1990, existiam cerca de trinta mil altas executivas, as mulheres eram 62% dos profissionais de Medicina, 42% dos diplomados em Direito, 19% em Engenharia, 40% na Imprensa, ocupando 2.301 cargos de juízes no Judiciário.

Basta, no entanto, percorrermos esses espaços de decisão ocupados pela mão de obra feminina para constatarmos que a maioria das mulheres negras não está lá, está ainda nas funções tradicionais, ou seja, limpando a sala da diretoria, da médica, da advogada, da redação dos jornais, dos tribunais, em resumo, limpando a sala das decisões.

Enquanto as mulheres brancas estão rompendo estereótipos e atingem números significativos em áreas antes restritas aos homens, as mulheres negras ainda têm que lutar para ter acesso a funções como secretárias ou recepcionistas, ocupações tidas como "femininas", mas que podem ser melhor descritas como "femininas e brancas".

Mesmo com diploma de curso universitário, poucas mulheres negras conseguem exercer a profissão para a qual estudaram arduamente. Não são tão raros os casos em que têm que continuar trabalhando como empregadas domésticas e faxineiras diaristas apesar de terem o curso superior. Aliás, as trabalhadoras domésticas são negras, em sua maioria, e é fácil perceber o porquê da lentidão no reconhecimento de seus direitos trabalhistas e por que apenas 1/3 tem carteira de trabalho assinada.

(Alzira Rufino. *Avanço das mulheres. Que mulheres?* Eparrei. Santos, n. 4, ano II, p. 12-13, 2003.)

Os nós do feminino

Sendo a mulher negra mais vulnerável à violência aos direitos humanos e por representar quase a metade da população feminina do Brasil, qualquer estratégia de promoção da mulher deve considerar as diferenças que existem entre as mulheres, adaptando as políticas públicas às necessidades reais das mulheres brancas, negras, indígenas, para que essa metade da população feminina, negra e indígena, chegue junto com a mulher branca ao poder.

A mulher negra e indígena na América Latina foram as maiores vítimas da ideologia colonialista que busca justificar a exploração do colonizado, atribuindo-lhe uma humanidade inferior.

Contaremos com a vivência histórica de resistência da mulher negra e indígena para mudarmos, em caráter de urgência, esse cenário de desigualdades. Mas há que pular todas essas barreiras, externas e introjetadas, fazer do feminismo a soma de todas as variações do feminino.

Porque, apesar de estarmos nas cordas em equilíbrio de um Brasil, é nas mulheres negras que se revela a arte de sobreviver e viver. (Alzira Rufino. Os nós do feminino. Eparrei. Santos, n. 4, ano II, p. 13, 2003.)

Lélia González. (Fonte: <http://ww.casadeculturamulhernegra.org.br>)

Sueli Carneiro e Alzira Rufino. (Fonte: <http://www.casadeculturamulhernegra.org.br>)

Enquanto sujeito social importante na construção da história do nosso país, as mulheres negras vêm construindo uma trajetória de muita luta, perseverança e sabedoria. As vozes das nossas antepassadas, com suas dores e lutas ainda ecoam entre nós e servem de exemplo para que não desistamos do nosso objetivo de construir uma sociedade digna para todos. É o que nos revela a bela poesia de Conceição Evaristo, que nos lembra a linda história de luta das mulheres negras:

Vozes – mulheres

*A voz de minha avó ecoou
Criança
nos porões do navio.
Ecoou lamentos
de uma infância perdida.
A voz de minha avó
ecoou obediência
aos brancos – donos de tudo.
A voz de minha mãe
ecoou baixinho revolta
no fundo das cozinhas alheias
debaixo das trouxas
roupagens sujas dos brancos
pelo caminho empoeirado*

rumo à favela.
A minha voz ainda
ecoa versos perplexos
com rimas de sangue e fome.
A voz de minha filha
Recolhe todas as nossas
vozes
recolhe em si
as vozes mudas caladas
engasgadas na garganta
 voz de minha filha
recolhe em si
a fala e o ato.
O ontem – o hoje – o agora.
Na voz de minha filha
se fará ouvir a ressonância
O eco da vida – liberdade.

Conceição Evaristo. In: *Cadernos Negros*. Disponível em: <*http//www.historia.uff.br/nec/ textos/dosss1-4pdf*>. Acesso em 2 nov. 2004.

5. A produção cultural e artística dos negros no Brasil

No decorrer do processo histórico brasileiro, os homens e mulheres negras sempre lutaram e resistiram bravamente a toda forma de opressão e discriminação. Eles forjaram formas elaboradas de lidar com a vida, com o corpo, assim como expressões musicais múltiplas. Construíram uma estética corporal que está impregnada na cultura do povo brasileiro. Por meio da resistência política, da religião, da arte, da música, da dança e da sensibilidade para com a ecologia o negro produz, participa e vivencia a cultura afro-brasileira.

Destacaremos, neste capítulo, alguns aspectos da produção cultural, musical e artística do negro no Brasil. Estes também podem ser considerados como forma de resistência das crianças, dos jovens e adultos negros e revelam o quanto o Brasil é um país profundamente africanizado. Nos gestos, nos cultos, na expressão linguística, na música, no jeito de ser e de viver do brasileiro encontramos a forte presença negra, mesmo que nem todos os brasileiros a reconheçam como tal.

Esse processo não se deu à parte dos acontecimentos históricos, políticos e culturais que costumamos estudar, mas de maneira articulada e conjunta. Sendo assim, muitos movimentos políticos, artísticos, musicais e culturais brasileiros tiveram e têm o negro como protagonista, como propulsor da mudança, como ator ou como fonte de inspiração.

Religiosidade negra: resistência político-cultural

A religiosidade negra é rica e variada. No Brasil, os nossos ancestrais africanos enriqueceram a nossa cultura com diferentes expressões e formas de se relacionar com o mundo mágico e sobrenatural.

A relação com o mundo que podemos chamar de mágico pode ser considerada como um universal do humano. Todos os grupos sociais, em diferentes épocas e espaços, constroem formas de se relacionar com o mundo desconhecido, na busca de caminhos e explicações que lhes ajudem a entender o enigma da vida e da morte, o sentido de ser e estar no mundo.

Homens e mulheres criam artefatos e constroem códigos, regras, leis que lhes possibilitem garantir a sobrevivência e a manutenção de seu grupo. Cada grupo produz sua cultura de acordo com suas necessidades e possibilidades, portanto não há como considerar uma expressão cultural superior ou inferior, melhor ou pior do que a outra, o mesmo se aplica à religiosidade. Essa dinâmica própria da cultura acontece de formas variadas, de acordo com o grupo cultural, contexto histórico, político e social em que se vive. Isso pode nos ajudar a entender o porquê de tantas expressões religiosas no mundo.

Tanto a religiosidade negra como outras expressões religiosas devem ser compreendidas como formas construídas, no interior da cultura, de estabelecimento de elos com o Criador, com o que está além do que costumamos considerar como mundo racional. Devem ser vistas como "experiências religiosas" e não como mero "credo religioso". Tomadas como uma produção da humanidade, fruto das diversas formas de se relacionar com a natureza, da busca de explicações para questões que afetam a vida de todos e do modo como se estabelecem relações entre as pessoas e delas com o mundo.

Em contextos de dominação e opressão, os grupos constroem processos de resistência religiosa, que são também parte da cultura. A deportação dos africanos e a imposição do regime escravista acarretaram um processo de ressignificação mítico-religiosa, de atribuição de outros e novos significados às coisas e ao mundo que nos rodeiam, por parte de nossos ancestrais com suas divindades e crenças. Esse é um processo comum nas situações de colonização ou dominação político-cultural. Os povos ditos dominantes e dominados, ao se encontrarem (ou "se chocarem") passam por mudanças culturais que afetam a todos, de variadas formas. Porém, é muito comum pensarmos que somente os ditos "dominados" ou "colonizados" recebem interferências dos outros grupos ou modificam seus costumes, crenças e valores em função do contexto da opressão. Na realidade, as coisas não são bem assim. O processo cultural é dinâmico e a força da matriz religiosa é um fator muito importante na construção das identidades culturais.

Compreender a tradição religiosa afro-brasileira, recontar a história do povo negro na África pré-colonial, pós-colonial e, em nosso caso específico, durante e após o regime escravista brasileiro, significa compreender um passado que para muitos de nós é desconhecido. Esse passado e o modo como foi construído interfere e interferirá em nossas crenças e nas formas de inserção e vivência do mundo atual, seja enquanto negros, brancos e indígenas brasileiros.

No Brasil, algumas tradições religiosas de matriz africana tornaram--se mais destacadas do que outras. Como não poderemos estudar todas elas, vamos refletir um pouco sobre três delas: o candomblé, a umbanda e o congado. A nossa intenção é que você conheça um pouco mais sobre essa presença negra na história e na cultura brasileira e, para isso, recorreremos aos estudos e pesquisas produzidos por sociólogos, antropólogos e historiadores, estudiosos do tema. Tomaremos em especial as contribuições do sociólogo Reginaldo Prandi e do antropólogo Vagner Gonçalves da Silva.

O candomblé e a umbanda

O candomblé e demais religiões afro-brasileiras tradicionais formaram-se em diferentes áreas do Brasil, com variados ritos e com nomes locais derivados de tradições africanas diversas: candomblé na Bahia, xangô em Pernambuco e Alagoas, tambor de mina no Maranhão e Pará, batuque no Rio Grande do Sul e macumba no Rio de Janeiro.

De acordo com Reginaldo Prandi (1996) a organização das religiões negras no Brasil deu-se no curso do século XIX. Uma vez que as últimas levas de africanos deportados durante o período final da escravidão foram fixadas, sobretudo nas cidades e em ocupações urbanas, os africanos desse período puderam viver um processo de interação que não conheceram antes. Nas cidades, estabeleciam um maior contato uns com os outros, com maior mobilidade e, de alguma maneira, com certa liberdade de movimento. Esse fato propiciou condições sociais favoráveis para a sobrevivência de algumas práticas religiosas africanas, com a formação de grupos de culto organizados.

Até o final do século XIX tais religiões estavam consolidadas, mas continuavam a ser religiões étnicas dos grupos negros descendentes dos escravos. No início do século XX, no Rio de Janeiro, o contato do candomblé com o espiritismo kardecista trazido da França propiciou o surgimento de uma outra religião afro-brasileira: a umbanda, que tem sido identificada como sendo a religião brasileira, por excelência, pois, nascida no Brasil, ela resulta do encontro de tradições africanas, espíritas e católicas.

Escolástica Mãe Menininha do Gantois (Maureen Bisilhat, Salvador, BA, Coleção Particular) (Emanoel Araújo. *Para Nunca Esquecer: Negras Memórias/Memórias de Negros*, São Paulo, Ministério da Cultura/Fundação Cultural Palmares, 2001).

Cerimônia de Candomblé (Cynthia Brito/Olhar Imagem)

Desde o início, as religiões afro-brasileiras formaram-se em sincretismo, na fusão de diferentes elementos culturais com o catolicismo, e, em grau menor, com religiões indígenas. A característica politeísta do culto católico, numa dimensão popular (ou seja, a adoração de mais de um santo), possibilitou a construção de relações entre os santos e os deuses cultuados pelos africanos. Com a umbanda, acrescentaram-se à vertente africana as contribuições do espiritismo kardecista francês, especialmente a ideia de comunicação com os espíritos dos mortos através do transe, com a finalidade de praticar a caridade entre os dois mundos, na construção de uma paz eterna.

A partir de 1930, a umbanda espalhou-se por todas as regiões do país, sem limites de classe, raça, cor, de modo que todo o país passou a conhecer, pelo menos de nome, divindades como Iemanjá, Ogum, Oxalá etc.

O antropólogo Vagner Gonçalves da Silva (1994) relata que a umbanda, como culto organizado segundo os padrões atualmente conhecidos, teve sua origem por volta das décadas de 1920 e 1930. Nesta época, kardecistas de classe média, no Rio de Janeiro, São Paulo e Rio Grande do Sul, passaram a mesclar com suas práticas elementos das tradições religiosas afro-brasileiras, e a professar e a defender publicamente essa mistura, com o objetivo de torná-la legítima e aceita, como uma nova religião.

As origens afro-brasileiras da umbanda remontam ao culto às entidades africanas, aos caboclos (espíritos ameríndios), aos santos do catolicismo popular e, por fim, às outras entidades que a esse conjunto foram sendo acrescentadas pela influência do kardecismo.

Mas isso não significou uma interferência na identidade do candomblé, do qual a umbanda se descolou, conquistando sua autonomia. Da mesma forma que a umbanda, o candomblé também sofreu transformações.

Alguns anos atrás o candomblé era considerado uma religião de negros e mulatos, mais frequente, sobretudo, na Bahia e em Pernambuco entre os reduzidos grupos de descendentes de escravos localizados em diferentes regiões do país. A partir dos anos 60 do século XX, as pessoas de origem não africana começaram a professar o candomblé. Assim, o candomblé deixou de ser uma religião exclusiva do segmento negro, passando a ser uma religião de todos aqueles que se identificam com seus rituais, normas e cultos.

Ao estudarmos essas formas de religiosidade negras, constatamos que a presença do negro na formação social do Brasil foi decisiva para dotar a cultura brasileira de um rico patrimônio religioso desdobrado em inúmeras instituições e dimensões materiais e simbólicas, sagradas e profanas, de enorme importância para a identidade do país e sua civilização.

Sendo religiões de matriz africana e praticadas inicialmente somente pelos grupos negros, o candomblé e a umbanda sofreram (e ainda sofrem) todas as interferências do racismo existente em nosso país. Quem de nós já não ouviu comentários de que as religiões afro-brasileiras significam algo espiritualmente negativo? Ou que não são religiões, mas, sim, "seitas malignas"?

Independentemente da crença religiosa, é importante que tenhamos mais informações sobre as práticas religiosas não cristãs e que possamos compreendê-las e não simplesmente julgá-las a partir daquilo que consideramos a nossa verdade. Muitas vezes, as pessoas repetem um discurso negativo sobre essas religiões, baseando-se em preconceitos, na opinião alheia ou numa experiência pessoal negativa que tiveram, generalizando-o. É preciso tomar cuidado com julgamentos, principalmente quando falamos em religiões afro-brasileiras. Tais julgamentos podem facilmente deslizar para o campo do preconceito, da discriminação racial e do racismo.

Candomblé: uma religião afro-brasileira

O candomblé é uma religião que afirma o mundo, reorganiza seus valores e também reveste de estima muitas das coisas que outras religiões, consideram más: por exemplo, o dinheiro, os prazeres (inclusive os da carne), o sucesso, a dominação e o poder. O iniciado não tem que internalizar valores diferentes daqueles do mundo em que vive. Ele aprende os ritos que tornam a vida neste mundo mais fácil e segura, plena de possibilidades, de bem-estar e prazer. O seguidor do candomblé propicia os deuses na constante procura do melhor equilíbrio possível (ainda que temporário) entre aquilo que ele é e tem e aquilo que ele gostaria de ser e ter. Nessa procura, é fundamental que o iniciado confie cegamente em sua mãe de santo. Guiado por ela, o fiel aprende, ano após ano, a repetir cada uma das fórmulas iniciáticas necessárias à manipulação da força sagrada da natureza, o axé. (...)

Porque o candomblé não distingue entre o bem e o mal do modo como aprendemos com o cristianismo, ele tende a atrair também toda sorte de indivíduos que têm sido socialmente marcados e marginalizados por outras instituições religiosas e não religiosas. Isso mostra como o candomblé aceita o mundo da rua, da prostituição, dos que já cruzaram as portas da prisão. O candomblé não discrimina o bandido, a adúltera, o travesti e todo tipo de rejeitado social. (...) O candomblé se preocupa sobretudo com aspectos muito concretos da vida: doença, dor, desemprego, deslealdade, falta de dinheiro, comida e abrigo – mas sempre tratando dos problemas caso a caso, indivíduo a indivíduo, pois não se trabalha aqui com a noção de interesses coletivos, mas sempre com a de destino individual. O candomblé também pode ser a religião ou a magia daquele que já se fartou dos sentidos dados pela razão, ciência ou tecnologia, e que deixou de acreditar no sentido de um mundo totalmente desencantado, que deixou para trás a magia, em nome da eficácia do secular pensamento moderno.

(Reginaldo Prandi. *As religiões negras no Brasil: para uma sociologia dos cultos afro--brasileiros. Revista USP*. São Paulo, n. 28, p. 64-83, dez/fev.1996.)

Ainda segundo o antropólogo Vagner Gonçalves da Silva (1994), no candomblé, a forma de cultuar os deuses (seus nomes, cores, preferências por alimentos, louvações, cantos, dança e música) foi distinguida pelos negros segundo modelos de rito chamados de nação. Esse tipo de denominação é uma alusão significativa de que os terreiros, além de tentarem reproduzir os padrões africanos de culto, possuíam uma identidade grupal (étnica) como nos reinos da África.

Segundo esse autor, os sudaneses foram os grupos africanos que predominaram no século XIX, época em que as condições históricas, sociais e urbanas de perseguição aos cultos diminuíram em relação ao período colonial, no qual os povos bantos foram majoritários. Devido a esses fatores, a estrutura religiosa dos povos de língua ioruba legou ao candomblé sua infraestrutura de organização, influenciada pelas contribuições de outros grupos étnicos. Desse processo, resultaram os dois modelos de cultos mais praticados no Brasil: o rito jeje-nagô e o angola.

O rito jeje-nagô abrange as nações nagôs (queto, ijexá etc.) e as jejes (jeje-fon e jeje-marrin). Tal rito enfatiza o legado das religiões sudanesas. Nos terreiros onde esse rito é praticado geralmente cultuam-se orixás (divindades representadas essencialmente pela natureza), voduns, erês (espíritos infantis) e caboclos (espíritos indígenas).

Xangô

Oxum

Ogum

Iansã

Orixás (Negro de corpo e alma, Black and body and soul, Mostra do Redescobrimento, 2000).

Mas os terreiros não são todos iguais e têm opiniões diferentes sobre a "originalidade e fidelidade africanas" do seu culto e de suas práticas. Sendo assim, os terreiros onde prevalece o culto aos orixás são popularmente conhecidos como candomblé queto; os de culto aos voduns são chamados de candomblé jeje.

No culto de natureza queto os atabaques (instrumentos de percussão) são tocados com pequenas varinhas, canta-se para os orixás principalmente em dialeto africano e segundo os seus ritmos de som e dança característicos.

Já o rito angola abrange principalmente o cerimonial congo e cabinda e procura enfatizar a herança das religiões dos povos bantos. Essa nação, embora seja a mais popular e a mais praticada pelo povo de santo, é vista por membros de outras nações como "deturpada", pois possui um conjunto de deuses muito mais abrangente. São cultuados, além dos deuses bantos (inquices), os orixás, os voduns, os vunjes (espíritos infantis) e os caboclos. Os terreiros dessa nação são chamados de candomblé de angola e, durante o culto, os atabaques são tocados com as mãos e os cantos possuem muitos termos em português.

Devido ao grande fluxo e dispersão dos povos bantos no Brasil, o candomblé de angola espalhou-se por quase todo o país. Em alguns estados, em fins do século XIX, essa prática religiosa que sempre esteve aberta às influências católicas e ameríndias recebeu nomes diferentes como cabula no Espírito Santo, macumba, no Rio de Janeiro, e candomblé de caboclo, na Bahia. É claro que em muitos lugares esses cultos também foram marcados pelas influências do rito jeje-nagô e, nesse caso, não podemos afirmar ao certo qual dessas foi predominante.

Alguns terreiros de candomblé são partidários da polêmica ideia (hoje muito criticada e questionada) de que alguns são mais "puros" em termos de ritual do que outros, ou seja, de que alguns conseguem preservar uma maior fidelidade às origens africanas do que outros. Esse é um equívoco que, aos poucos, as comunidades-terreiro e as gerações mais jovens têm tentado superar.

Proibição

Nem sempre os cultos aos orixás puderam acontecer livremente em nosso país. Anos atrás, eles eram proibidos e perseguidos pela polícia. Segundo alguns militantes do movimento negro de Salvador, foi uma mãe de santo chamada dona Eugênia Anna dos Santos, Mãe Aninha, que conseguiu autorização do então presidente Getúlio Vargas para a realização livre dessa prática religiosa. Mesmo assim, até uns anos atrás, os terreiros de candomblé eram ainda vigiados e muitas vezes era preciso solicitar uma licença para realizar cerimônias públicas. Ainda hoje, várias comunidades-terreiro enfrentam perseguições de vizinhos e praticantes de outros cultos religiosos. Podemos observar, em nosso dia a dia, como essas manifestações de preconceito racial e religioso recaem sobre os cultos afro--brasileiros.

É muito comum dentro de um bairro ou de uma determinada comunidade encontrar grupos que praticam outras religiões e que chamam a polícia para interromper uma cerimônia de candomblé ou de umbanda que acontece durante a noite ou madrugada. No entanto, muitas vezes, esses mesmos grupos que denunciam, realizam os seus cultos até altas horas da noite ou da madrugada (e até mesmo durante as manhãs e tardes), utilizando-se de som extremamente alto, instrumentos musicais como guitarras e baterias, realizando orações em voz extraordinariamente alta e incomodando toda uma comunidade. Alguns desses cultos são realizados em locais próximos de hospitais, escolas ou asilos, e seus praticantes não consideram o fato de que, ao praticar seus rituais com pouca moderação, estão desrespeitando as pessoas que estão ao seu redor.

Esse tipo de comportamento é uma triste realidade do nosso país que chamamos de intolerância religiosa. É importante refletir sobre como temos lidado com as pessoas que participam de práticas religiosas diferentes da nossa. Temos contribuído para o aumento da discriminação e da intolerância religiosa ou temos respeitado as diferenças, entendendo que, numa democracia, as pessoas têm o direito de professar a sua fé e participar de diferentes práticas culturais e religiosas? O livre exercício da fé é um direito e uma conquista cidadã.

O congado: mais uma forma de expressão da cultura e religiosidade negra

As congadas representam a coroação dos reis de Congo, a luta entre reinos africanos ou batalhas entre mouros e cristãos. Elas acontecem desde que os primeiros africanos escravizados aqui chegaram e foram assumindo, ao longo da história, diferentes características em cada lugar do Brasil. Há nesse festejo popular uma mistura de elementos da tradição africana com o culto aos santos católicos padroeiros dos escravos, tais como São Benedito,

Santa Efigênia e Nossa Senhora do Rosário. A forte presença das congadas como uma festa de tradição africana no Brasil, principalmente em Minas Gerais, revela a força da resistência negra em nossa cultura.

Festa de Congado com destaque para vestimenta (Juca Martins/Olhar Imagem).

Segundo o músico e congadeiro mineiro Maurício Tizumba, o congado é caracterizado nas danças e autos populares em que há devoção a Nossa Senhora do Rosário. Em Minas Gerais, as festas de congado tiveram início com Chico Rei na antiga capital de Vila Rica, sendo denominadas reinado ou reisado. A Irmandade do Rosário de Ouro Preto data de 1711. O Congado é categorizado como: Candombe, Moçambique e o Congo.

O Candombe é considerado tradicionalmente a forma de expressão cultural dos congados, posteriormente surgindo o Moçambique, em que se cultuam objetos aos quais se atribuem influências sobrenaturais. O mesmo acontece com os tambores do Candombe.

O símbolo do Congado é uma espada à qual não se atribuem poderes miraculosos. Há um mito que conta que Mãe Maria era uma negra escravizada que estava preparando comida para os lavradores escravos, quando viu uma senhora muito bonita sentada sobre um muro. Mãe Maria percebeu que aquela senhora linda que estava olhando e sorrindo para ela era Nossa Senhora e correu contar ao seu senhor. O senhor não acreditou nela, deu-lhe uma surra e mandou que voltasse a cozinhar para os escravos. Cheia de marcas da surra, levou aos escravos o almoço e contou-lhes sua história. Entre eles, havia Vigulino, Matias e Belchior, que ao escutarem sua história disseram: É a Nossa Senhora do Rosário, "Uanta Mangra de

Rozandaro"! E começaram a cantar na roça suas cantigas, neste instante Nossa Senhora do Rosário saiu do mar satisfeita, acompanhada por negros que junto com ela caminhavam sobre as águas e choravam de alegria. Das lágrimas que chegaram ao chão nasceu um ramo chamado Lágrimas de Nossa Senhora (história adaptada de *http://www.berimbrown.com.br/congado.php*, acesso em 10 ago. 2004).

Outubro: mês do Rosário

"Salve Rainha, Lá no meio do mar Zum, zum, zum O mar que nos trapaia Para no porão chegá Ajudá a rainha do mar Que manda na terra Que manda no mar (...)"

Os festejos em homenagem a Nossa Senhora do Rosário são abertos em março e vão até outubro – mês no qual geralmente os Reinos se fecham. Sete de outubro é considerado o dia de Nossa Senhora do Rosário, quando se organizam as cerimônias do Reinado, no Estado de Minas Gerais. É para a Mãe do Rosário que os congadeiros cantam e dançam.

Nos festejos do Reinado do Rosário há coroação de reis e rainhas, novenas, levantamento de mastros, cortejos solenes, cantos, dança, cumprimento de promessas. Toda essa estrutura organizacional faz parte do ritual de saudação à Virgem Maria, que corresponde à rainha das águas nas religiões africanas.

Festa de Congado com destaque para coroação (Iolanda Huzak/Olhar Imagem).

Das muitas versões existentes sobre o aparecimento de Nossa Senhora do Rosário nos Reinados, a mais recorrente é a que conta que, no tempo da escravidão, os negros escravos viram uma imagem da Senhora vagando pelo mar. Os brancos a resgataram e a levaram para uma capela construída pelos negros, mas estes não podiam frequentá-la. Apesar das preces e hinos oferecidos, a imagem sempre desaparecia do altar e voltava para o mar. Após várias tentativas de mantê-la na capela, os brancos permitiram que os negros fizessem sua oferenda à beira do mar.

A guarda do Congo se dirigiu para a areia, tocando seus instrumentos, mas só conseguiu que a imagem se movesse uma vez, num movimento rápido. Então, vieram os negros moçambiqueiros, batendo seus tambores revestidos com folhas de inhame e bananeira e começaram a cantar e dançar para Nossa Senhora, pedindo-lhe que viesse protegê-los. A Senhora veio caminhando lentamente, até chegar à praia.

No Candombe, os tambores usados nas solenidades são chamados de santana, santaninha e chama. Segundo Núbia Pereira de Magalhães, os tambores do Candombe evocam os antepassados e funcionam como corpos intermediários no trato entre vivos e mortos – embora não ocorra incorporação visível. Além do Candombe, há outras guardas, como a do Congo, Moçambique, Catopês, Cabloco ou Cabloquinhos, Marujo, Vilão e a do Cavaleiro de São Jorge.

Dentre elas, as que mais se destacam são a do Congo e a de Moçambique. Ambas se vestem de calças e camisas, geralmente de cor branca. Os Congos, além do saiote, usam vistosos capacetes ornamentados com fitas coloridas e espelhos. Movimentam-se em duas alas, no meio das quais se postam as capitãs (guarda geralmente formada por mulheres). Seus movimentos são rápidos e saltitantes. Responsabilizam-se pelo início dos cortejos, abrindo os caminhos e rompendo com suas espadas os obstáculos. Anunciam a chegada dos filhos do Rosário.

Os Moçambiques, por sua vez, são os guardiães das coroas. Usam saiotes, turbantes, gungas nos tornozelos e seus tambores são maiores. Os capitães portam ainda bastões – representando o cajado de Moisés – símbolo de poder, distinguindo-os dos demais membros da guarda. Cantam e dançam no ritmo de serra-acima ou serra-abaixo, agrupados sem nenhuma coregrafia de passo marcado.

Os tambores do Congo e Moçambique são chamados treme-terra, mata-virgem e cachoeira.

O elemento mais importante de distinção dessas duas guardas é o canto. Os Moçambiqueiros cantam a memória da África e dos antepassados, *são os senhores das músicas secretas e mágicas. O Congo expressa a religiosidade e a vida mais recente do grupo. Alguns cantos lembram os problemas sociais. Todos os congadeiros portam o rosário – símbolo sagrado investido de força e energia.*

Durante as celebrações, o rei Congo e a rainha Conga são as majestades mais importantes, e as coroas mais veneradas simbolizam as nações negras africanas. Os demais reis e rainhas representam Nossa Senhora do Rosário, Santa Efigênia, São Benedito e outros santos da Igreja Católica.

(Ellen Alves Comissão Mineira de Folclore. Disponível em: <http://www.folclore.art.br> e <http://www.cultura.mg.gov.br/sec/comemor_outubro.htm>).

Em torno das congadas existem muitas histórias e acontecimentos, dentre elas a história de Chico-Rei.

A lenda do Congado

A lenda de Chico-Rei nos conta que a origem das festas do Congado está ligada à Igreja Nossa Senhora do Rosário, situada na antiga Vila Rica. Segundo a lenda, o escravo batizado com o nome de Chico-Rei viera da África com outros membros de sua família. Na sofrida viagem, rumo às Novas Terras, Francisco perdera a mulher e seus filhos, com exceção de um. Chico--Rei se instalou em Vila Rica e, com o passar do tempo, com as economias obtidas no trabalho aos domingos e dias santos, conseguiu a alforria do filho. Posteriormente, obteve a própria alforria e a dos demais súditos de sua nação que lhe apelidaram de Chico-Rei. Unidos a ele, pelos laços de submissão e solidariedade, adquiriram a riquíssima mina da Escandideira. Casado com a nova rainha, a autoridade e o prestígio do "rei preto" sobre os de sua raça foi crescendo. Organizaram a Irmandade do Rosário e Santa Efigênia, levantando pedra a pedra, com recursos próprios, a Igreja do Alto da Cruz. Por ocasião da festa dos Reis Magos, em janeiro, e na de Nossa Senhora do Rosário, em outubro, havia grandes solenidades típicas, que foram generalizadas com o nome de "Reisados". Nestas festas, Chico-Rei, de coroa e cetro, e sua corte apareciam lá pelas dez horas, pouco antes da missa cantada, apresentando--se com a rainha, os príncipes, os dignitários de sua realeza, cobertos de ricos mantos e trajes de gala bordados a ouro, precedidos de batedores e seguidos de músicos e dançarinos, batendo caxambus, pandeiros, marimbás e canzás, entoando ladainhas.

Disponível em: *<http://www.carrancas.com.br>.*

O corpo como expressão de luta, arte e resistência: a capoeira

De uma ponta a outra do continente americano e do Brasil a população negra utilizou o corpo como instrumento de resistência sociocultural e como agente emancipador da escravidão. Seja pela religiosidade, pela dança, pela luta, pela expressão, a via corporal foi o percurso adotado para combate, resistência e construção da identidade.

Segundo Julio Tavares (1997), a capoeira pode ser vista como modelo desse processo, pois há séculos sua presença demonstra o caráter aglutinador que esta função lúdico-corporal vem cumprindo na história dos negros e negras. A capoeira constituiu-se numa possibilidade para os escravizados diante das adversidades e dificuldades colocadas pelo regime escravista; em uma prática para cultivar as tradições, as crenças e a dignidade humana de homens e mulheres negras.

Ao africano escravizado no Brasil e aos seus descendentes que nasceram sob o regime da escravidão era interditado o acesso ao seu próprio corpo. Seus corpos eram obrigados a trabalhar sem cessar, de acordo com o ritmo da plantação, da mineração, da Casa-Grande, ditado pelo mundo dos brancos. Também eram obrigados a se comportar de determinada maneira e a atuar no cotidiano inventado pelo colonizador da forma como este julgava necessária e apropriada. O corpo do escravo era violentado pelos senhores e senhoras de forma bestial, para atender desejos e fantasias sexuais, as mais diversas.

Os corpos hábeis, dinâmicos e produtivos dos africanos escravizados foram transformados em coisa, em peça, em máquina de realizar trabalhos forçados. Nos navios negreiros, os cabelos, marca de identidade, eram raspados, povos de diferentes matrizes linguísticas eram misturados, sequestrando-lhes a possibilidade da fala, causando-lhes dificuldades de comunicação. Esse processo de violência não é atenuado com a chegada dos navios negreiros em terra firme. Antes, era aperfeiçoado no interior das senzalas e na vida cotidiana do escravo.

O corpo, que já era um forte símbolo de identidade para os diferentes povos africanos, expresso por meio dos penteados, das escarificações (marcas feitas na pele com instrumento cortante) e perfurações que os nossos ancestrais traziam nas suas peles, passa por um processo de ressignificação no contexto da escravidão e do pós-abolição. As identidades das diferentes matrizes africanas inscritas nos corpos negros dos africanos, aos poucos, foram sendo modificadas, reinterpretadas, ganhando novas forças com o surgimento de novas gerações, nascidas no Brasil.

Penteados africanos (cartão-postal Campanha de Amizade à África, Laea – Liga dos Amigos e Estudantes Africanos, e-mail: laea1@yahoo.com).

Essa força possibilitou aos africanos escravizados e seus descendentes a organização de uma complexa rede de resistência. As transgressões foram surgindo uma após a outra, cada vez mais elaboradas e articuladas. Os negros transgrediram o cotidiano das fazendas, das senzalas, das roças, das minerações, das cidades.

Nesse processo, o corpo foi o principal veículo de resistência e transgressão. Por meio dos jogos, das festividades, da dança, das cerimônias religiosas de iniciação, das ervas ingeridas, da transformação dos alimentos, das intervenções estéticas no corpo e, sobretudo, nos cabelos, os negros recriaram tradições, inventaram novos símbolos, guardaram a memória ancestral e as ensinaram às novas gerações. Influenciaram, também, a educação dos meninos e das meninas brancas. Introduziram novos hábitos e paladares ao universo cultural dos senhores e das senhoras. Realizaram trocas estéticas, culinárias, linguísticas e de resistência com os povos indígenas. Nesse processo, a tradição gestual e oral destacou-se como um dos principais elementos.

Os africanos escravizados introduziram uma vigorosa identidade corporal e musical nas terras por onde passaram. Por isso, para o negro africano deportado para as Américas, os maracatus, os afoxés, o *soul*, o jazz, o *reggae*, o mambo, o samba, o *funk*, o hip-hop e, entre outras expressões, a capoeira, podem ser considerados as linguagens que mantêm viva a transgressão herdada dos nossos ancestrais da África Negra.

Os primórdios da capoeira

A capoeira como manifestação cultural é um tema muito debatido e recebe abordagens diferentes. Uma gama de estudiosos de diversas áreas tem contribuído para o debate em torno desta temática e para conceituar esta prática típica da cultura brasileira, dentre eles o historiador Carlos Eugênio Líbano Soares (1999), um dos estudiosos da capoeira no Brasil.

Abordaremos nesta parte o papel que a capoeira teve no processo de construção da identidade e da resistência negra no Brasil. Para tanto, destacaremos alguns aspectos dessa luta, apontados por pesquisadores da temática, na tentativa de recuperar um pouco de sua história.

De acordo com Almir das Areias (1983)

"a capoeira é música, poesia, festa, brincadeira, diversão e, acima de tudo, uma forma de luta, manifestação e expressão do povo, do oprimido e do homem em geral, em busca da sobrevivência, liberdade e dignidade" (O que é capoeira. São Paulo: Brasiliense, 1983, p. 8).

Segundo esse autor, a história da capoeira passou por quatro fases importantes:

- a do início da escravidão, quando o escravizado, usando apenas o instinto de sobrevivência, tentava usar o seu corpo para livrar-se do sofrimento e fugir;
- a da áurea dos quilombos, na qual a capoeira já era uma das armas necessárias aos quilombolas para a defesa;
- a da proibição oficial da capoeira após a Abolição, e,
- por fim, a fase da sua liberação, no ano de 1932.

Os escravizados não possuíam armas suficientes para se defender e descobriram formas de enfrentar as armas inimigas e o jugo da escravidão. A capoeira é uma delas.

Areias ainda nos conta que, inspirando-se na natureza, observando as brigas dos animais, as marradas, coices, saltos e botes, utilizando-se das estruturas das manifestações culturais trazidas da África Negra (como, por exemplo, as competições, brincadeiras, praticadas em momentos cerimoniais e religiosos), aproveitando-se dos espaços livres que aqui abriam no interior das matas, os negros criaram e praticaram uma luta de autodefesa para enfrentar o inimigo. É o surgimento da arma do corpo, enfrentando o poder dos senhores, dos feitores e capitães do mato, para defender a qualquer custo o direito à sobrevivência.

Capoeira na década de 1930-1940 (Negro de corpo e alma, Black and body and soul, Mostra do Redescobrimento, 2000).

Os escravizados, nos dias e momentos de folga, nos terreiros das casas-grandes, nas senzalas ou na porta dos mercados, enquanto esperavam que este se abrisse, costumavam formar círculos e jogavam a capoeira sem, no entanto, ela ser identificada como luta, mas, sim, como uma brincadeira ou jogo.

Através do som do berimbau, atabaque, pandeiro e agogô, da cadência, da ginga do corpo, da simulação de um combate e da improvisação das cantigas e ladainhas, eles expressavam sua maneira de ser e existir.

O berimbau, instrumento principal, servia para dar o toque de aviso da chegada do inimigo, de pessoas estranhas ou do feitor quando praticavam a capoeira às escondidas. Ao mesmo tempo, o instrumento marcava o tempo, o ritmo e o andamento da dança, que, representada pela ginga do corpo, servia para disfarçar o caráter de luta, dando-lhe uma expressão lúdica e inofensiva.

Ainda segundo Almir das Areias (1983), antes do familiar som do berimbau que hoje conhecemos (um arco com um arame, uma cabaça, uma moeda e um pedaço de pau, denominado "berimbau-de-barriga", ou "gunga"), havia um outro tipo de berimbau, denominado "berimbau-de--boca" ou "trompa de Paris". A caixa de ressonância desse instrumento era a própria boca dos negros, em vez da cabaça. Isso nos lembra algumas das estratégias musicais dos jovens negros do movimento *hip-hop*, que também usam a boca como caixa de ressonância para elaborar seus sons e ritmos.

A prática da capoeira possui uma estrutura complexa. Cada elemento pode ser compreendido como parte de uma grande estrutura: a roda, o jogo, o corpo e os instrumentos. Cada um possui significados, rituais, ritmos específicos que, no seu conjunto, constituem o jogo, a luta, a arte, a expressão corporal e uma forma de discurso não verbal.

Mas qual é a origem da capoeira?

Há um amplo debate instaurado sobre as possíveis origens da capoeira, desde meados do século XIX. O historiador Carlos Eugênio Líbano Soares (1999) realizou um vasto estudo sobre diversos autores que apresentam interpretações diferentes para a origem do termo capoeira. Há pelo menos duas grandes hipóteses sobre sua origem. Uma delas relacionada ao mundo rural, à vida nas grandes fazendas e às fugas dos escravizados e a outra relacionada à vida dos escravizados nas cidades.

A versão mais conhecida da origem do termo capoeira é a que se refere, segundo Soares, a sua origem, que vem da palavra capueira, que significa mato, vegetação rala, roça abandonada. Falava-se muito do negro que fugia e "meteu-se na capueira", ou seja, no mato. A capoeira neste caso estaria relacionada ao mundo rural, dos negros fugitivos e dos quilombos.

Há também uma outra versão, menos mencionada, que relaciona a palavra a um cesto onde se prendem capões, galinhas e animais de criação, conhecidos na época como capus. Estes cestos eram usados para desembarcar e carregar mercadorias. Soares nos traz a opinião de outro estudioso, a do argentino radicado no Brasil, Adolfo Moralles de Los Rios Filho, que, em artigos publicados em 1926, discordou daqueles que atribuíam o termo capoeira aos usos e refúgios de escravos fugidos. O autor argentino aponta para a seguinte reflexão: por que os escravos em situação de fuga escolheriam "misérrimas capoeiras" (o mato ralo, roça abandonada) ao invés de se refugiarem no cume das montanhas e nas serras difíceis de serem escaladas pelos capitães do mato? Na opinião desse estudioso, a capoeira teria sua origem a partir dos escravos, que no período colonial, eram carregadores quase exclusivos dos grandes cestos usados para desembarcar e carregar mercadorias, chamados "capú" e está relacionada ao mundo das cidades. Segundo esse autor, "capoeiros", ou aqueles encarregados de carregar o "capú", como açougueiros, leiteiros e aguadeiros formariam outros tantos ofícios da escravaria urbana.

A capoeira como luta teria nascido nas disputas entre esses escravos carregadores de mercadorias dos navios, nas horas de lazer, nas simulações de combate, que pouco a pouco se tornaram habilidades refinadas, onde se lutava pela liderança no grupo. Dessas disputas de pernas e braços teria nascido o "jogo da capoeira" ou a dança do escravo carregador de "capú".

Há outra versão sobre a origem da capoeira que a considera como um jogo atlético introduzido pelos africanos, no qual se exercitam por mero divertimento usando unicamente dos braços, das pernas e da cabeça para subjugar o adversário, e ora usando cacetes e facas de ponta, de onde resultam ferimentos e às vezes até a morte de um dos jogadores. A capoeira teria suas origens no continente africano.

Soares também nos apresenta o depoimento do viajante português Neves de Souza, que, no início dos anos 1960, registrou em Angola uma dança cerimonial de iniciação, praticada entre grupos da região de Mocupe e Mulondo, atual sul de Angola. Realizada durante as festas do Mufico, rito de puberdade das moças do grupo. É executada dentro de um grande círculo de pessoas da tribo, que batendo palmas fazem a cadência. Dentro da roda dois jovens realizam a Dança da Zebra, ou N'Golo, na qual, imitando movimentos de animais, tentam atingir o rosto do oponente com o pé.

Além dela, o autor cita também a Bássula – luta de pescadores da região de Luanda (Angola) que pode ser também considerada como um dos ancestrais da capoeira carioca – seu principal foco de estudo. Estudos recentes mostram a persistência de danças marciais negras semelhantes à capoeira, como a mani ou bombosa de Cuba e a lagya de Martinica para povos de origem escrava do Caribe, o que pode atestar a disseminação das danças aqui descritas em um arco mais amplo que o Brasil.

Apesar de tantas versões sobre a origem da capoeira no Brasil, uma coisa é certa: na primeira metade do século XIX essa luta estava irremediavelmente ligada à condição escrava e à origem africana. Ao analisar a documentação histórica referente a esse período, Soares observa que todas as nações africanas escravizadas no Brasil tiveram representantes presos como capoeiras, nas mais diversas proporções nesse período. Esses dados, segundo o autor, reforçam a ideia da capoeira ser uma invenção escrava, isto é, ter sido criada no Brasil, nas condições específicas da escravidão urbana, por africanos.

(Carlos Eugênio Líbano Soares. A negregada instituição: os capoeiras na corte imperial de 1850-1890. Rio de Janeiro: Acess, 1999, p. 23-24.)

Os capoeiras na Corte e na República

Os capoeiras tornaram-se figuras temidas durante o Império e a República, constituindo grupos que usavam roupas, cores e códigos específicos e, inclusive, se rivalizavam uns com os outros. Eram perseguidos pela polícia e considerados desordeiros. Muitas vezes, os políticos locais "contratavam" os capoeiras como seus defensores, a fim de protegê-los dos inimigos.

Juntamente com prostitutas, malandros, boêmios, estivadores e policiais, os capoeiras faziam parte dos barulhentos e diversificados grupos populares existentes nas ruas da Corte Imperial do Rio de Janeiro e em outras cidades do Brasil nos últimos anos do século XIX. As "maltas de capoeira", grupos de negros ou homens pobres de todas as origens, carregando facas e navalhas, atravessando as ruas em "correrias", assustavam as camadas médias e as elites brasileiras, sendo temidos por todos pelos seus hábeis e violentos golpes de corpo.

Na primeira metade do século XIX, a capoeira era quase exclusiva dos escravizados e da população negra urbana em geral. No decorrer dos anos, no entanto, ela incorporaria homens brancos, imigrantes europeus de várias nacionalidades, mostrando a riqueza e a complexidade da cultura negra e urbana.

Fiéis soldados da princesa

Ao contrário do que muitos podem pensar, ser abolicionista não significava necessariamente ser republicano no Brasil do final do século XIX. Com antepassados habituados, nas sociedades africanas, a um regime próximo do monárquico, muitos negros apreciavam a ideia de ser governados por reis e rainhas, e mantiveram-se fiéis ao Império até o fim. É o caso dos componentes da Guarda Negra da Redentora, formada por um grupo de ex-escravos logo após a assinatura da Lei Áurea, pela princesa Isabel, em 1888. A especialidade desta milícia, temida pela truculência, era dispersar manifestações republicanas. Seus argumentos não estavam nas palavras, mas nos pontapés e rabos de arraia que distribuíam a torto e a direito e de forma certeira, pois eram exímios capoeiristas. A Guarda Negra durou pouco tempo, pois seus líderes foram presos logo após a Proclamação da República, em 1889.

Disponível em: <http://www.nossahistoria.net>.

Os capoeiras e suas maltas também tiveram papel decisivo no jogo político da Corte Imperial durante as últimas décadas da monarquia. Entretanto, é a partir da instauração do regime republicano que se dá a época áurea de repressão à capoeiragem e aos capoeiras. O marechal Deodoro da Fonseca, uma vez no poder e precisando afirmar a República enquanto novo regime instituído, deu importância central à manutenção da ordem como uma marca do seu governo. Para cumprir o seu programa sem eventuais problemas, teve como uma de suas metas o extermínio total dos "vadios e turbulentos capoeiras".

Embora entre os capoeiras existissem filhos e protegidos de personalidades ilustres da época que se utilizavam, com finalidades políticas, dos serviços dos capoeiras, no início do regime republicano as maltas foram desmanteladas, os seus chefes encarcerados ou exterminados. Mas a capoeiragem continuou o seu trajeto.

Segundo Carlos Eugênio Líbano Soares (1999), os estados da Bahia, Rio de Janeiro e Pernambuco podem ser considerados como aqueles em que os capoeiras mais se concentravam e onde mais comentários havia entre o povo e a imprensa local sobre as suas proezas e atitudes irreverentes. Foi no Rio de Janeiro, então capital do país e centro comercial da época, onde as atividades dos capoeiras foram mais intensas e sua repercussão mais desenvolvida. A imprensa local, crônicas, livros, romances, contos e a própria história estão cheios de feitos de capoeiras como Mamede, Aleixo Açougueiro, Maneta, Pedro Cobra e outros. De todos, porém, Manduca da Praia foi o símbolo máximo da capoeiragem no Rio de Janeiro.

Embora reprimida e perseguida, a capoeira continuou o seu percurso. Às escondidas, nos quintais, nas praias, nos terreiros e nos arredores da cidade os capoeiras, após a abolição da escravidão e com o advento da República, exercitavam e aperfeiçoavam a sua prática e a transmitiam para as futuras gerações.

Somente nos anos 1930 a 1940, a capoeira volta à cena brasileira de maneira pública, por meio do presidente Getúlio Vargas, na revolução de 1930, como uma das estratégias políticas do seu governo para angariar a simpatia das massas e assim exercer um maior controle sobre estas e suas manifestações populares. Era, na verdade, uma permissão autoritária, pois ao liberar as ditas manifestações populares o Estado passa a determinar as regras e normas para a sua prática.

A partir desse momento, a capoeira poderia ser praticada livremente, mas desvinculada de qualquer ato considerado marginal, subversivo ou agitador. Poderia ser apresentada como folguedos nos festejos populares, como espetáculo folclórico em lugares determinados. Ela passa a ser interpretada como "esporte popular" e símbolo da nacionalidade brasileira, praticada em locais fechados e por pessoas consideradas "idôneas e de bem".

Desse momento em diante, vários foram os contornos assumidos pela capoeira e pelos capoeiristas. Surgiram novas lideranças e modalidades. A capoeira de Angola, caracterizada pela constante inventividade onde os movimentos eram criados baseando-se apenas nos movimentos naturais do corpo, passa a conviver com um novo estilo, criado pelo mestre Bimba, fundador da primeira escola de capoeira, que ele chamou de capoeira regional baiana. Mestre Bimba inovou a sua arte, dando uma técnica precisa aos movimentos, estudando o seu equilíbrio, criando os ataques e as defesas agarrados, para momentos em que o capoeirista não tivesse espaço para se movimentar, e desenvolveu técnicas das defesas contra as armas e o jogo pelo alto, até então praticado quase que exclusivamente pelo chão. Se por um lado, com sua liberação e o surgimento do mestre Bimba e da capoeira regional, a capoeira ganha objetividade competitiva, status e projeção, de outro, perde muito da sua característica de manifestação popular espontânea.

Dentro desse contexto de mudança, a capoeira passa a ser usada pelos governos, principalmente no estado da Bahia, como manifestação cultural para turistas ou como esporte. A história, a dimensão social e cultural e de resistência negra da capoeira mescla-se com novas ideias e novos praticantes. Aos poucos, a classe média, intelectuais, militantes, políticos, profissionais liberais começam a praticá-la. A relação entre capoeira--malandragem-marginalidade modifica-se. A capoeira passa por mudanças históricas, políticas e culturais e, no contexto da década de 70, nos anos da ditadura militar, a sua interpretação e prática como uma luta tende a diluir-se ainda mais.

Entretanto, esse não é um movimento homogêneo. Outros mestres de capoeira vão surgindo, as modalidades de capoeira angola e regional ganham novos adeptos, novos batismos de capoeiras ocorrem. Dentro do universo dos capoeiras encontramos filosofias e modos diferentes de ver e interpretar a própria capoeira e a sua origem. No entanto, a história de luta e resistência, somada à expressão do corpo, à educação dos sentidos, à relação do homem com a natureza e com a cultura continuam sendo dimensões muito expressivas dessa luta, arte e dança.

O mestre Pastinha

Vicente Ferreira Pastinha nasceu em 1889, filho do espanhol Jose Senor Pastinha e de Dona Maria Eugenia Ferreira. Seu pai era um comerciante, dono de um pequeno armazém no centro histórico de Salvador e sua mãe, com a qual ele teve pouco contato, era uma negra natural de Santo Amaro da Purificação e que vivia de vender acarajé e de lavar roupas.

Com oito anos de idade Pastinha conheceu a arte da capoeira. Quem o iniciou foi um negro africano a quem chamava de tio Benedito, que ao ver Pastinha um menino pequeno e magrelo apanhar de um garoto mais velho resolveu ensinar-lhe a arte da capoeira. Passava tardes inteiras treinando num velho sobrado da rua do Tijolo, em Salvador. Ali aprendeu além de tudo a jogar com a vida e a ser um vencedor.

Viveu uma infância feliz, porém, modesta. Durante as manhãs frequentava aulas no Liceu de Artes e Ofícios, onde também aprendeu pintura. À tarde, empinava arraia e jogava capoeira. Com 13 anos era o mais respeitado e temido do bairro. Mais tarde, foi matriculado por seu pai na Escola de Aprendizes de Marinheiro que não concordava muito com a prática da capoeira, pois achava que era muita vadiagem. Conheceu os segredos do mar e ensinou aos amigos que conquistou a arte da capoeira.

Aos 21 anos, voltou para o centro histórico, deixando a Marinha para se dedicar à pintura e exercer o ofício de pintor profissional. Suas horas de folga eram dedicadas à prática da Capoeira, cujos treinos eram feitos às escondidas, pois no início do século esta luta era crime previsto no Código Penal da República.

Em fevereiro de 1941, fundou o Centro Esportivo de Capoeira Angola, no casarão n.º 19 do Largo do Pelourinho. Esta foi sua primeira academia- -escola de Capoeira. Disciplina e organização eram regras básicas na escola de Mestre Pastinha, e seus alunos sempre usavam calças pretas e camisas amarelas, cores do Ypiranga Futebol Clube, time do coração de Mestre Pastinha.

Pastinha trabalhou bastante em prol da Capoeira, representando o Brasil e a Arte Negra em vários países. Na opinião de Mestre Decânio, Pastinha foi "o primeiro capoeirista popular a analisar a capoeira como

< **161** ····

filosofia e a se preocupar com os aspectos éticos e educacionais de sua prática". Ele foi uma das figuras mais queridas de toda a Salvador, por sua extrema devoção à capoeira. Mesmo depois de idoso, jogava capoeira como um jovem exímio, executando sua movimentação com perfeição e agilidade.

Com 84 anos de idade, doente, e fisicamente debilitado, foi morar no Pelourinho em um pequeno quarto, com sua segunda esposa, Dona Maria Romélia, deixando a antiga sede da Academia, devido aos problemas financeiros, o único meio de sobrevivência provinha dos acarajés que sua esposa vendia.

Em abril de 1981, participou da última roda de Capoeira de sua vida. Numa sexta-feira, 13 de novembro do mesmo ano, Mestre Pastinha se despedia desta vida aos 92 anos, cego e paralítico, vítima de uma parada cardíaca fatal.

Disponível em: <http://www.terenet.com.br/~senzala/biopastinha.htm> e <http://www.capoeiradobrasil.com.br/pastinha.htm>.

Estilos musicais da juventude negra: o *rap* e o *funk*

No Brasil, a difusão do *funk* e do *hip-hop* remonta aos anos 1970, quando proliferam os chamados "bailes *black*" nas periferias dos grandes centros urbanos. Embalados pela *black music* americana, principalmente pelo *soul* e *funk*, milhares de jovens encontraram nos bailes de finais de semana uma alternativa de lazer até então inexistente. Na maior parte dos casos, jovens com a mesma origem social, pobres e negros, passaram a compartilhar dos mesmos espaços.

Baile *funk* carioca (Ricardo Azoury/Olhar Imagem).

Fator Ético — Semana de Cultura *Hip-Hop* (Athiely Santos).

É a partir das análises e das reflexões do sociólogo e educador Juarez Dayrell (2001) que abordaremos um pouco das relações entre música, juventude e resistência negra. Tomaremos para isso dois estilos musicais: o *funk* e o *rap*. Segundo esse autor, é num contexto de inserção, visibilidade e "invasão" da juventude pobre e negra nos centros urbanos que podemos situar o movimento *hip-hop* (dentro do qual encontramos o *rap*) e o *funk*. Ambos expressam a forte presença da juventude negra em sua criação, na produção e divulgação desses estilos musicais. Além disso, os dois estilos possuem uma mesma origem – a música negra americana – que incorporou a sonoridade africana, baseada no ritmo e na tradição oral. *Funk* e *rap* são herdeiros diretos do *soul* que, depois de ser a trilha sonora dos movimentos civis americanos da década de 1960 e um símbolo da consciência negra, teve suas características revolucionárias transformadas devido ao processo de divulgação e expansão na sociedade de consumo e de massas.

Tanto o *rap* e como *funk* apresentam em seu processo de produção algumas semelhanças, fiéis à sua origem, têm como base a batida, a utilização de aparelhagem eletrônica e a prática da apropriação musical. Os dois estilos não têm como pré-requisitos a utilização de instrumentos, o domínio de habilidades técnicas musicais, nem apresentam custo elevado para sua montagem e exibição pública. Para os jovens da periferia que, geralmente, não têm acesso a uma formação musical, o *rap* e o *funk* são dos poucos estilos que lhes permitem realizar-se como produtores musicais e artistas. Não é sem razão que grupos de *rap* e duplas de MC do *funk* (mestre de cerimônia, como se autodenominam os cantores de *funk*) tendem a cantar apenas suas próprias músicas, sendo raro que cantem músicas de outros grupos.

A existência dos estilos *rap* e *funk* não se limita aos grupos, fazendo parte de um circuito cultural mais amplo. Até se apresentarem em uma festa ou evento, os grupos musicais passam por diversas etapas e envolvem um número considerável de pessoas em diferentes funções, numa verdadeira "linha de montagem musical".

Nesse processo da elaboração e reelaboração desses ritmos nos grandes centros urbanos brasileiros, residem semelhanças e diferenças entre o *rap* e o *funk*, seja nas temáticas de que se apropriam, seja nas intenções e propósitos que unem esses jovens.

Características do *funk*

De acordo com Juarez Dayrell (2001) o *funk* radicalizou o *soul*, empregando ritmos mais marcados e arranjos mais agressivos, mas também sofreu um processo de comercialização, com a alteração de sua base cultural, tornando-se uma música dirigida ao consumo de grandes massas e facilmente aceita pelo público em geral.

As formas de relacionamento entre os jovens que praticam o *funk* possuem especificidades, assim como os rituais e letras que constituem esse estilo musical. Por intermédio do *funk*, os jovens negros e também brancos ressaltam a festa, a fruição, a alegria de estarem juntos. O baile *funk* é o elemento central em torno do qual se articula uma identidade própria desse grupo. É ali que se expressam os outros elementos do estilo: o encontro com os amigos, o gosto pela música *funk*, um determinado jeito de dançar, coreografias que expressam sensualidade, um modo de se vestir, uma linguagem com marcas próprias e, principalmente, a oportunidade de se mostrarem como MCs (mestres de cerimônia).

A produção musical dos jovens funkeiros cumpre o papel de animação dos bailes. Isso faz com que as músicas que produzem sejam passageiras, executadas por um período relativamente curto de tempo e logo substituídas por outras. A letras tematizam as relações afetivas entre jovens, a descrição dos próprios bailes e de sua animação, de cenas jocosas e engraçadas, de situações ocorridas na cidade, além da exaltação das diferentes galeras, resgatando o prazer e o humor que são tão negados no cotidiano desses jovens. Esses temas são coerentes com o sentido que atribuem a si mesmos, como MCs: serem mensageiros da alegria, promovendo a agitação da galera.

Existe uma certa intolerância, sobretudo das camadas médias em relação ao *funk* como estilo musical negro e da periferia, que resgata o lado festivo da vida. Há, ainda, objeções em relação às letras de algumas músicas, sobretudo, quando estas apelam para uma leitura preconceituosa sobre a mulher.

As letras de músicas do *funk*, quando se referem à mulher, por vezes expressam uma visão machista e autoritária em relação a esta. Essa expressão da desigualdade de gênero (desigualdade construída socialmente entre homens e mulheres) é reforçada quando alguns funkeiros atendem ao apelo machista presente nos meios de comunicação e na sociedade de um modo geral. Nem sempre esses jovens percebem que, ao se inserirem no jogo do mercado de consumo, eles acabam reproduzindo, nos seus gestos e nas letras de suas músicas uma série de desigualdades sociais, as quais as juventudes negra e da periferia nos seus diversos movimentos culturais tentam superar.

Para refletir sobre o estilo *funk*

Muitas vezes, sem conhecer efetivamente as práticas de lazer e a produção dos diferentes grupos juvenis, em especial, aqueles que residem e resistem nas periferias, realizamos julgamentos que tendem a ser preconceituosos e que acabam por discriminar os jovens e suas identidades. Em relação ao funk, é comum nos depararmos com certas visões.

Muitos reagem contrariamente ao funk por acreditar que nos bailes prevalecem a violência e o medo. Será que, neste caso, não se está reproduzindo uma leitura preconceituosa sobre o negro e as expressões juvenis da periferia? É preciso compreender que nem todos somos obrigados a gostar de tudo, mas precisamos saber lidar com as diferenças e respeitá--las. Nem todos os funkeiros são iguais e nem todas as letras das músicas também. Assistimos, no final do século XX e início do século XXI um fenômeno de massificação do funk e uma apropriação comercial desse estilo. Dessa forma, grupos que antes não se dedicavam a esse estilo musical passam a surgir da noite para o dia, são "fabricados", invadem a mídia e conseguem, alguns deles, deturpar a forma de ser e de viver dos funkeiros.

Características do *rap*

O *rap* surge como mais uma reação da tradição *black*, junto a outras linguagens artísticas, como a das artes plásticas, a do grafite (desenhos e pinturas feitos na rua), da dança – o *break* – e da discotecagem – o DJ.

Juntas tornaram-se os pilares da cultura *hip-hop*, fazendo da rua o espaço privilegiado da expressão cultural dos jovens negros e pobres.

O *rap*, palavra formada pelas iniciais da expressão *rhythm* and *poetry* (ritmo e poesia), tem como fonte de produção a apropriação musical, sendo a música composta pela seleção e combinação de partes de faixas já gravadas, a fim de produzir uma nova música. Mixando (utilizando aparelhagem para misturar músicas) os mais variados estilos da *black music*, o *rap* cria um som próprio, pesado e arrastado, reduzido ao mínimo. Nesse ritmo são utilizados apenas a bateria, o *scratch* (obtenção de sons, girando manualmente o disco sob a agulha em sentido contrário, produzindo efeitos sonoros próprios) e a voz. Mais tarde, essa técnica seria enriquecida com o surgimento do *sampler*.

Desde então, o *rap* aparece como um gênero musical que articula a tradição ancestral africana com a moderna tecnologia, produzindo um discurso de denúncia da injustiça e da opressão social, racial e policial, a partir do seu enraizamento junto a grupos negros urbanos. Os *rappers* se veem como porta-vozes da periferia, assumindo a dimensão da denúncia em suas letras e formas de expressão.

É exatamente a produção poética que dá o diferencial do *rap* em relação aos outros estilos juvenis. O seu conteúdo reflete o lugar social no qual se situam os jovens pobres (na sua maioria negros) e a forma como elaboram as suas vivências, numa postura de denúncia das condições em que vivem: a violência, a discriminação racial, as drogas, o crime, a falta de perspectivas, quando sobreviver é o fio da navalha. Mas também cantam a amizade, o espaço onde moram, o desejo da paz e de uma vida melhor. Nesse sentido o *rap* pode ser visto como uma crônica da realidade da periferia. Ao produzir, divulgar e cantar os jovens tomam consciência de si mesmos, de sua condição e dos elementos integrantes de suas identidades.

Os shows são o momento privilegiado de realizarem a missão que atribuem a eles mesmos, de serem porta-vozes da periferia. Assim, o *rap* ganha visibilidade nas festas que ocorrem em algumas danceterias no centro da cidade e nos bairros, além dos eventos de rua.

Os rappers (cada membro de uma banda de *rap*), como integrantes do movimento *hip-hop*, possuem uma proposta de organização e intervenção social, com muitos dos grupos se organizando em posses. Essas posses constituem-se na articulação de grupos que reúnem as várias linguagens, com a proposta de potencializar a produção artística e a promoção de atividades comunitárias. Além disso, vêm surgindo algumas iniciativas de articulação de grupos culturais como uma forma possível de organização e difusão da produção cultural existente no bairro ou região.

Rap e *funk*: sonhos comuns

Segundo Juarez Dayrell (2001), o sonho de todo grupo é ter uma base musical exclusiva. Existem vários produtores que produzem músicas *rap* e *funk* na cidade, em pequenos estúdios espalhados pelos bairros. O esquema é simples: o jovem chega com a sua letra e diz como gostaria que a música fosse produzida. O produtor cria a base musical com os recursos de que dispõe, e o grupo grava o vocal sobre ela em uma fita demo (para circulação e divulgação) ou *minidisk* (MD). Depois de ter sua música gravada, o grupo passa a buscar espaços para se apresentar, quase sempre na região onde mora, em pequenos eventos de rua promovidos por equipes de som locais. É um outro elo da linha de montagem. As equipes de som são formadas por jovens que, aos poucos, compram uma pequena aparelhagem para animar festas nos finais de semana, complementando, dessa forma, a sua renda.

Para participar de shows ou eventos maiores, é necessário que o grupo se articule com os produtores culturais, de eventos e festas na cidade. Os produtores existentes são amadores, na maior parte dos casos, e desempenham essa função como forma de abrir espaços para o seu próprio grupo. Para ampliar a sua visibilidade, além das apresentações, os grupos recorrem às rádios comunitárias existentes na região onde moram. Muitas dessas rádios possuem programas semanais de *rap* ou *funk*, conduzidos por DJs.

As rádios comunitárias representam outro elo da cadeia de produção musical, um importante meio de informação alternativo aos grandes veículos de massa. Mas esse potencial se vê relativizado pelo caráter comercial ou religioso de várias dessas rádios. Nesse campo também falta uma maior capacitação por parte dos produtores dos programas, deixando de explorar todo o potencial comunicativo que uma rádio representa.

Sharylaine e Company — Grupos de Mulheres (Athiely Santos)

A temática de gênero

A presença das mulheres vai diminuindo à medida que se passa do rap para o break e, finalmente, para o grafite. Algumas rappers dizem que é mais fácil para as mulheres serem breakers (dançarinas de break) aplaudidas do que rappers respeitadas. Há diferenças substanciais de tratamento entre as breakers e os breakers. As primeiras, em muitas situações, vestem roupas de lycra que ressaltam as formas físicas, e parece haver uma definição tácita de que devem vestir-se assim. Arrancam assobios e aplausos da "macharada" que as observa independentemente de sua performance. Aos homens, aplaude-se exclusivamente pela radicalidade e perfeição dos movimentos.

Dessa forma, em defesa da supremacia masculina no rap, os garotos inventam uma superproteção para as rappers. Segundo eles, garotas não deveriam andar sozinhas à noite, nem mesmo carregar pesadas caixas de discos. Ao mesmo tempo, as composições de muitos homens têm trechos insólitos, versando sobre prostitutas, modelos de revistas masculinas, enfim, mulheres que os arautos da moral "julgam vulgares". As rappers reagem, discutem com os autores das músicas machistas e também sensibilizam o público feminino para o absurdo de cantarem acriticamente essas composições.

Diante desse quadro, foi criado no Projeto Rappers[1], o "Feminirappers", visando estimular as jovens negras a reflexões sobre gênero e raça e a produção de atitudes críticas em relação ao racismo e ao machismo. Uma das integrantes do "Femini" participou da conferência da mulher em Beijing, 1995. Quanto ao grafite, o contato com grafiteiras é raríssimo.

O Projeto Rappers é uma estratégia criada pela ONG Geledés – Instituto da Mulher Negra – São Paulo, para denunciar as desigualdades raciais presentes na sociedade brasileira e conscientizar a população negra, em especial os/as jovens negros/as, sobre as diferentes formas de exclusão social.

(Maria Aparecida (Cidinha) da Silva. Projeto Rappers: uma iniciativa pioneira e vitoriosa de interlocução entre uma Organização de Mulheres Negras e a Juventude no Brasil. São Paulo: Selo Negro, 1999, p. 94-96.)

6• Racismo, discriminação racial e ações afirmativas: a sociedade atual

Qual é a situação atual da população negra brasileira? Existe desigualdade entre negros e brancos no Brasil? Será que o preconceito e a discriminação racial estão presentes em nosso cotidiano?

Para responder essas questões é importante conhecermos as pesquisas realizadas por órgãos do governo, por organizações não governamentais (ONGs) e pelas universidades que têm como objetivo descrever e analisar a situação educacional, econômica e política de negros e brancos no Brasil. Em 2003, foi publicada, no jornal *Folha de S.Paulo*, a análise do Observatório Afro-Brasileiro acerca da desigualdade entre negros e brancos:

Brancos detêm 74% da renda brasileira

Fernando da Escóssia (Da sucursal do Rio)

De cada R$ 4 de rendimento produzido no Brasil, quase R$ 3 são recebidos por pessoas brancas. Ou seja, de todo o rendimento, somando salário, aposentadoria, programas de renda mínima e aplicações financeiras, 74,1% ficam com os brancos.

O homem branco é o principal beneficiado: fica com 50% do total da renda do país. São esses os resultados de uma análise da ONG (Organização Não governamental) Observatório Afro-Brasileiro com base em dados do Censo 2000 do IBGE (Instituto Brasileiro de Geografia e Estatística).

Os números mostram que, no Dia Nacional da Consciência Negra, dedicado a Zumbi dos Palmares, a desigualdade racial, uma marca do Brasil, resulta também da concentração de renda entre brancos.

De acordo com o economista Marcelo Paixão, professor da UFRJ (Universidade Federal do Rio de Janeiro) e coordenador do Observatório, só 25,9% dos rendimentos ficam com os negros – juntando os identificados como pretos (ficam com 4% da renda) e pardos (21,9% da renda).

O Brasil branco recebe, portanto, uma renda 2.86 superior ao Brasil negro. "É um exercício para pensar como a desigualdade e a pobreza no Brasil têm um evidente componente racial. A riqueza está concentrada entre os brancos, enquanto, entre os pobres, a maioria é de negros", afirmou. A proporção de renda recebida pelos brancos (74,1%) é maior que a presença deles na população (53,8%) e entre as pessoas com rendimento (58,1%). A parcela de renda apropriada pelos negros (pretos e pardos), 25,9%, é inferior à presença deles na população (45,3%) e entre pessoas com rendimento (41,9%).

Pobreza negra e feminina

Se o homem branco é o principal detentor da riqueza do país, recebendo 50% da renda, a mulher negra fica em pior situação: detém apenas 8,1% dos rendimentos. A mulher branca, com 24,1% dos rendimentos, está em melhor situação que o homem negro, com 17,7%.

Os dados da ONG mostram que, entre os 10% mais pobres da população (detêm apenas 1,2% da renda), 60,9% são negros e 39,1%, brancos. Entre os 10% mais ricos, com 49,2% da renda, 82,2% são brancos, e 17,5%, negros. A concentração de riqueza é tão grande que, entre os 20% mais ricos da população (64,6% da renda), os brancos ficam com 49,4% do total de rendimentos.

A análise desconsiderou as populações indígenas e amarelos que, somadas, são menos de 1% do total do país. O Observatório Afro-Brasileiro tem apoio do Ceris (Centro de Estatística Religiosa e Investigações Sociais). Para ele, o diagnóstico da desigualdade racial está feito, e a responsabilidade agora é da União. Há também a expectativa de aprovação do Estatuto da Igualdade Racial, pronto para ser votado na Câmara dos Deputados. Segundo ele, o sucesso das políticas exige investimentos diretos na questão racial: "Com um orçamento desse, não vai promover igualdade racial nenhuma. As políticas são todas cegas às questões de cor", afirmou.

Ele diz que há um descompasso entre a intensidade da desigualdade e a prioridade dada ao assunto por sucessivos governos. "Espero que o Estatuto da Igualdade Racial seja o melhor do mundo, não só em termos de princípios, mas do ponto de vista da intervenção, da capacidade de agir."

Fonte: *Folha de S.Paulo,* 20 nov. 2003, Caderno Cotidiano

Os dados publicados indicam as condições de vida a que está submetida a população negra, bem como a questão da distribuição de renda no Brasil. A partir da reportagem, percebemos que além de existirem dois grupos distintos no país, os dos ricos (muitos poucos) e os dos pobres (maioria da população), a proporção de negros e brancos que compõe cada um desses grupos revela a existência de uma profunda desigualdade racial, que caminha, lado a lado, com a desigualdade de renda em nosso país. Segundo a análise publicada, O homem branco é o principal beneficiado: fica com 50% da renda total do país. É preciso compreender que os dados apontam para uma questão que está além do mérito ou sucesso individual das pessoas. Trata-se de uma desigualdade construída ao longo do processo histórico, político e social do país, que afeta diferentemente a população branca e negra, conforme vimos nos capítulos anteriores deste livro.

O abismo racial brasileiro existe, de fato, e são as pesquisas e estatísticas que comparam as condições de vida, emprego, escolaridade entre negros e brancos que comprovam a existência da grande desigualdade racial em nosso país. Essa desigualdade é fruto da estrutura racista, somada à exclusão social e à desigualdade socioeconômica, que atinge toda a população brasileira e, de modo particular, os negros.

Para falarmos tanto dessa situação vivida pela população negra como para discutir sobre a questão racial em nossa sociedade, utilizamos várias expressões, conceitos e *design*ações. Estes foram construídos ao longo das relações entre negros, brancos e outros grupos étnicos que vivem em nosso país. Em nosso cotidiano, usamos termos como racismo, discriminação racial, preconceito, etnia, raça, identidade, ação afirmativa, cotas raciais, entre tantos outros. Mas será que realmente sabemos sobre o que estamos falando? Essa é uma questão tão séria e importante sobre a qual todos nós, negros, brancos, indígenas, imigrantes e de quaisquer outros grupos étnicos, deveríamos refletir antes de emitirmos opiniões. Mas, é fato, nem sempre sabemos o significado e a complexidade desses termos e conceitos. Tentaremos, então, discuti-los um pouco nesse capítulo, de modo a nos informarmos um pouco mais. O aprofundamento deste estudo poderá ser feito consultando variadas fontes (algumas delas encontram-se no final do livro).

Grupo caminhando em ruas de Cachoeira, BA (Nair Benedicto/Olhar Imagem).

Raça

Por que o termo "raça" é usado para se referir ao segmento negro da população? O que está por trás de uma simples denominação? Existem várias versões para explicar os sentidos e a razão para o uso desse termo.

Na realidade, quando alguém nos pergunta: qual é a sua raça? nem sempre recebemos esse questionamento de modo positivo e com tranquilidade ou sabemos, de imediato, que resposta dar. Alguns podem ficar desconcertados, outros não sabem o que responder; alguns acham que é uma piada, outros, ainda, podem reagir de modo agressivo. O modo como a recebemos e a respondemos depende em grande medida da situação em que é feita, por quem é feita e para quem é feita, pois ela nos remete a um campo complexo de relações estabelecidas entre negros e brancos em nosso país. Essa pergunta pode ser feita por um pesquisador, durante o Censo demográfico; pode ser feita por um colega ao contar uma "piada racista"; pode ser usada por um militante do movimento negro, com um sentido político, entre tantas possibilidades. A forma como recebemos e reagimos a ela dependerá, sobretudo, da identidade étnico-racial que construímos sobre nós mesmos e a das outras pessoas.

As reações podem ser as mais diversas tantos quantos forem os usos e significados atribuídos a esse termo, seja para nomear, identificar ou falar sobre pessoas negras ou sobre o segmento negro da população. Isso porque o conceito raça pode nos remeter a diversas dimensões, como a possibilidade de diferenciação entre os seres humanos, a escravidão, o racismo, a luta política pela afirmação da identidade negra e as imagens construídas e mantidas sobre "ser negro" e "ser branco" em nosso país.

Por que, então, o termo "raça" é utilizado por algumas pessoas para *design*ar esse segmento social, o do negro brasileiro? E, por que existe, por parte de alguns, tanta resistência para utilizá-lo? Essa é uma história longa e complexa.

Homens e mulheres negros brasileiros juntos, realizando uma atividade política, do movimento negro, em passeata (Juca Martins/Olhar Imagem).

Dependendo da maneira como é utilizado, o conceito raça pode ter uma conotação própria do campo das ciências naturais. Nesse campo, trata-se de um conceito utilizado para definir classes de animais que têm origem em um tronco comum, com características e potencialidades físicas específicas relativas a cada raça. Durante a II Guerra Mundial (1939-1945), o Nazismo lançou mão da aplicação deste conceito, com um sentido biológico, para justificar a suposta supremacia dos brancos e arianos (considerados pelos nazistas como uma raça pura e branca) sobre outros grupos, promovendo a segregação, a dominação e a morte de milhões de pessoas.

Já o Movimento Negro e vários estudiosos, atualmente, quando usam o termo "raça", não o fazem alicerçados na ideologia nazista. Ao contrário, eles rejeitam a ideia de que existam raças superiores e inferiores. Os grupos políticos lançam mão do conceito, dando-lhe um outro significado, relacionado ao reconhecimento da diferença entre grupos humanos, sem atribuir qualidades positivas ou negativas, ao reconhecimento da condição, das origens ancestrais e identidades próprias de cada um deles. Esse uso tem um sentido social e político, que diz respeito à história da população negra no Brasil e à complexa relação entre raça, racismo, preconceito e discriminação racial.

Além disso, esses grupos argumentam que, ao utilizarmos o conceito raça negra no Brasil, com um sentido político, conseguimos com que as pessoas, de um modo geral, entendam a que segmento da população estamos nos referindo. Denunciamos o racismo, alertando a todos para o fato de que aqueles classificados como negros (pretos, pardos, morenos e mulatos) estão expostos a condições de vida, educacionais e salariais extremamente desiguais quando comparados ao segmento branco da população brasileira. As palavras da militante Nilma Bentes do Movimento Negro nos ajudam a compreender melhor essa problemática:

> O problema é que, no nosso caso, o preconceito está fundamentalmente nos caracteres físicos. A discriminação "cultural" vem a reboque da física, pois os racistas acham que "tudo que vem de negro, de preto" ou é inferior ou é maléfico (religião, ritmos, hábitos etc.).
>
> A população, de um modo geral, tem noção do que se quer dizer quando se fala em "raça"; pouco ajudaria, na luta contra o racismo, se tentar negar as diferenças físicas que existem entre as diversas pessoas.
>
> Para nosso caso de militante do Movimento Negro no Brasil, acredita--se politicamente mais conveniente tentar manter o termo "raça", sem negar, evidentemente, a necessidade de utilização do termo "etnia", mas diferenciando do termo "raça".

Fonte: Nilma Bentes, *Negulando*, Belém: Graphitte, 1993, p. 16.

Nesse contexto, podemos compreender que a identificação de raças é, na realidade, uma construção social, política e cultural produzida no interior das relações sociais e de poder ao longo do processo histórico. Não significa, de forma alguma, um dado da natureza. É no contexto da cultura que nós aprendemos a enxergar as raças. Isso significa que aprendemos a ver negros e brancos como diferentes na forma como somos educados e socializados a ponto dessas ditas diferenças serem introjetadas em nossa forma de ser e ver o outro, na nossa subjetividade, nas relações sociais mais amplas.

Aprendemos, na cultura e na sociedade, a perceber as diferenças, a comparar, a classificar. Se as coisas ficassem só nesse plano, não teríamos tantos complicadores. O problema é que, em variados contextos, também vamos aprendendo a tratar as ditas diferenças de forma desigual. A questão mais séria é: por que aprendemos a ver o outro e, nesse caso, o negro, como inferior devido aos seus atributos físicos e a sua origem africana? A resposta é: porque vivemos em um país com uma estrutura racista que precisa ser superada e porque o histórico da escravidão ainda afeta negativamente a vida, a trajetória e inserção social dos descendentes de africanos em nosso país. Além disso, após a abolição, a sociedade brasileira, nos seus mais diversos setores, não se colocou política e ideologicamente contra o racismo; pelo contrário, o tem alimentado a ponto de reproduzir tamanha desigualdade racial denunciada pelo Movimento Negro e comprovada em pesquisas de órgãos governamentais e universidades.

Devido à forma como o conceito raça é utilizado e funciona em nossa sociedade é que militantes do Movimento Negro e alguns outros intelectuais ainda o utilizam para dizer sobre a realidade do negro brasileiro. Esses profissionais entendem a importância do uso de outros termos para falar do pertencimento racial do brasileiro como, por exemplo, o termo "etnia", mas também discutem que, no caso dos negros brasileiros, substituir o termo "raça" por "etnia" não resolve, na prática, o racismo que aqui existe e nem altera totalmente a compreensão do que é o racismo em nosso país.

É preciso, portanto, saber em que situação, por que, para que e por quem está sendo utilizado o conceito raça, para distinguir seu significado. Temos que distinguir se a conotação empregada lhe atribui um caráter negativo e racista, ou se está sendo atribuído um caráter positivo para a compreensão da história e o reconhecimento da presença do negro em nossa sociedade.

Etnia

Muitos intelectuais e educadores rejeitam o uso do conceito raça e preferem usar o termo "etnia" para se referir ao segmento negro da população brasileira. Acreditam que o conceito etnia é mais adequado porque não carrega o sentido biológico, atribuído a raça, o que colabora para a superação da ideia de que a humanidade se divide em raças superiores e inferiores.

É fato que, durante muitos anos, o uso do termo "raça", seja pelo poder político, seja pela sociedade de modo geral, esteve ligado à dominação político-cultural de um povo em detrimento de outro, de nações em detrimento de outras e possibilitou tragédias mundiais como foi o caso do nazismo. Os nazistas consideravam outros povos, que se diferenciavam radicalmente em cultura, características físicas e religião como raças inferiores, como povos biologicamente inferiores aos alemães e à raça branca. A partir dessa ideologia nazista e racista muitas injustiças foram cometidas, e grande parte do mundo se posicionou contra ditador Adolf Hitler e seus aliados.

O reconhecimento dos horrores causados durante a II Guerra Mundial levou à reorganização das nações no mundo a fim de evitar que novas atrocidades fossem cometidas. O racismo e a ideia de raça, no sentido biológico, também foram considerados inaceitáveis e, nesse momento, o uso do termo "etnia", ganhou força para se identificar a diversidade dos povos judeus, índios, negros, entre outros. A intenção era enfatizar que os grupos humanos não eram marcados por características biológicas herdadas dos seus pais, mães e ancestrais mas, sim, por processos históricos e culturais.

Dessa forma, "etnia" é o outro termo ou conceito usado para se referir ao pertencimento ancestral e étnico-racial dos negros e outros grupos em nossa sociedade. Ele é usado, principalmente, por alguns intelectuais, comum ao campo acadêmico. Os que partilham dessa visão, entendem por etnia:

> Um grupo possuidor de algum grau de coerência e solidariedade, composto por pessoas conscientes, pelo menos em forma latente, de terem origens e interesses comuns. Um grupo étnico não é mero agrupamento de pessoas ou de um setor da população, mas uma agregação consciente de pessoas unidas ou proximamente relacionadas por experiências compartilhadas.

Fonte: Ellis Cashmore, *Dicionário de relações étnicas e raciais*, São Paulo, Selo Negro, 2000, p. 196.

Ou ainda:

> Um grupo social cuja identidade se define pela comunidade de língua, cultura, tradições, monumentos históricos e territórios (...)

Fonte: Norberto Bobbio, *Dicionário de política*, Brasília, Editora da UNB, 1992, p. 449.

É por isso que dizemos que as diferenças, mais do que dados da natureza, são construções sociais, culturais e políticas. Aprendemos, desde crianças, a olhar a diversidade humana – ou seja, as nossas semelhanças e dessemelhanças – a partir das particularidades: diferentes formas de corpo, diferentes cores de pele, tipos de cabelo, formatos de olho etc. Contudo, como estamos imersos em relações de poder e de dominação política e cultural, nem sempre percebemos que aprendemos a ver as diferenças e as semelhanças de forma hierarquizada: perfeições e imperfeições, beleza e feiúra, inferioridade e superioridade.

Já vimos que, no decorrer do processo histórico, no contexto das diversas culturas, as diferenças e semelhanças foram ganhando sentidos e significados diversificados. Pois bem, ao falarmos sobre a questão do negro, em específico, tocamos em um campo mais amplo. Falamos sobre a construção social, histórica, política e cultural das diferenças. É o que chamamos diversidade cultural, que está presente em todas as sociedades, e a questão racial no Brasil localiza-se dentro desse amplo e complexo campo.

Por isso, refletir sobre a questão do negro não é algo particular que só deve interessar às pessoas que pertencem a esse grupo étnico-racial ou aos militantes do Movimento Negro. É uma questão da sociedade brasileira e também da humanidade.

Não se trata aqui de brigar para definir qual conceito é o melhor para nomearmos o pertencimento étnico/racial dos negros no Brasil. Trata--se de compreender melhor a complexidade da questão racial e entender que os termos e conceitos que usamos no dia a dia não são construídos ingenuamente. Eles estão imersos em um contexto histórico, cultural e político. Para compreender melhor a relação entre raça e etnia alguns estudiosos adotam a expressão "étnico/racial". Esta é usada na tentativa de explicitar que, ao nos referirmos ao segmento negro da população brasileira, tanto a dimensão cultural (linguagem, tradições, ancestralidade) quanto a racial (características físicas visivelmente observáveis, tais como cor da pele, tipo de cabelo etc.) são importantes e estão articuladas. Ambas devem ser consideradas em conjunto (e não de forma separada) quando falarmos sobre a complexidade do que representa "ser negro no Brasil".

Racismo

O racismo é burrice
Mas o mais burro não é o racista
É o que pensa que o racismo não existe

O pior cego é o que não quer ver

E o racismo está dentro de você

Porque o racista na verdade é um tremendo babaca

Que assimila os preconceitos porque tem cabeça fraca

E desde sempre não para pra pensar

Nos conceitos que a sociedade insiste em lhe ensinar

E de pai pra filho o racismo passa

Em forma de piadas que teriam bem mais graça

Se não fossem o retrato da nossa ignorância

Transmitindo a discriminação desde a infância

E o que as crianças aprendem brincando

É nada mais nada menos do que a estupidez se propagando

Qualquer tipo de racismo não se justifica

Ninguém explica

Precisamos da lavagem cerebral pra acabar com esse lixo que é uma herança cultural...

Fonte: Letra de música de Gabriel, O pensador, Lavagem cerebral, Rio de Janeiro, 1993.

Muitas pessoas acreditam que as relações entre pessoas brancas e negras são marcadas pela igualdade, harmonia e solidariedade, afinal todos fazem parte de um mesmo povo. Outras acreditam que existem diferenças qualitativas entre povos e grupos sociais e assumem com tranquilidade a falsa ideia de superioridade de uns em detrimento de outros.

As tensões que permeiam as relações entre grupos e diversos povos e as práticas sociais mostram que a questão do racismo existe e se manifesta de modo extremamente complexo, o que exige de nós um olhar cuidadoso e atento quando nos aproximamos da questão racial.

O racismo é um comportamento, uma ação resultante da aversão, por vezes, do ódio, em relação a pessoas que possuem um pertencimento racial observável por meio de sinais, tais como cor de pele, tipo de cabelo, formato de olho etc. Ele é resultado da crença de que existem raças ou tipos humanos superiores e inferiores, a qual se tenta impor como única e verdadeira. Exemplo disso são as teorias raciais que serviram para justificar a escravidão no século XIX, a exclusão dos negros e a discriminação racial.

Esta é uma questão estudada por vários pesquisadores. Alguns deles, como Edson Borges, Carlos Alberto Medeiros e Jacques d'Adesky (2002), afirmam que o racismo é um comportamento social que está presente na história da humanidade e que se expressa de duas formas interligadas: a individual e a institucional.

Na forma individual o racismo manifesta-se por meio de atos discriminatórios cometidos por indivíduos contra outros, podendo atingir níveis extremos de violência, como agressões, destruição de bens ou propriedades e assassinatos. É o que vemos quando nos reportamos ao extinto regime do Apartheid na África do Sul ou aos conflitos raciais nos Estados Unidos, sobretudo nas décadas de 1960, 1970 e 1980. No Brasil, esse tipo de racismo também existe, mas geralmente é camuflado pelos meios de comunicação de massa e por alguns setores do Estado.

A forma institucional do racismo, ainda segundo esses autores, implica práticas discriminatórias sistemáticas fomentadas pelo Estado ou com o seu apoio indireto. Elas se manifestam sob a forma de isolamento dos negros em determinados bairros, escolas e empregos. Essas práticas racistas manifestam-se, também, nos livros didáticos, tanto na presença de personagens negros com imagens deturpadas e estereotipadas quanto na ausência da história do povo negro no Brasil. Manifestam-se ainda nos meios de comunicação de massa (propagandas, publicidade, novelas), que insistem em retratar o negro e outros grupos étnico-raciais que vivem uma história de discriminação, de maneira indevida e equivocada.

Os autores ainda relatam que os mais terríveis atos de racismo institucionalizado são a perseguição sistemática e o extermínio físico (genocídio, limpeza étnica e tortura), como ocorreu na Alemanha nazista com o povo judeu e, mais recentemente, na antiga Iugoslávia e em Ruanda, entre outros países.

Campos de concentração em Mauthausen, fevereiro de 1944 (Musée de la Résistance)
Campos de refugiados em Etiópia (Sipa Press)

Quando aplicamos esse tipo de pensamento ao povo negro, estamos, na realidade, reproduzindo o racismo e trabalhando com o conceito biológico de raça. E, se o termo "raça" for usado para justificar esse tipo de pensamento e de postura política é preciso rejeitá-lo, pois, nesse caso, ele estará sendo usado para discriminar povos e grupos sociais.

O racismo no Brasil se dá de um modo muito diferente de outros contextos, alicerçado em uma constante contradição. As pesquisas, histórias de vida, conversas e vivências cotidianas revelam que ainda existe racismo em nosso país, mas o povo brasileiro, de modo geral, não aceita que tal realidade exista. Dessa forma, quanto mais a sociedade, a escola e o poder público negam a lamentável existência do racismo em nosso país, mais ele se propaga e invade as mentalidades, as subjetividades e as condições sociais e educacionais dos negros.

Etnocentrismo

É importante não confundir racismo com etnocentrismo. "Etnocentrismo" é um termo que *designa* o sentimento de superioridade que uma cultura tem em relação às outras. Consiste em acreditar que os valores próprios de uma sociedade ou cultura particular devam ser considerados como universais, válidos para todas as outras.

O etnocêntrico acredita que os seus valores e a sua cultura são os melhores, os mais corretos e isso lhe é suficiente. Ele não alimenta necessariamente o desejo de aniquilar e destruir o outro, mas, sim, de evitá--lo ou até mesmo de transformá-lo ou convertê-lo, pois carrega em si a ideia de recusa da diferença e cultiva um sentimento de desconfiança em relação ao outro, visto como diferente, estranho ou até mesmo como um inimigo potencial.

Os sentimentos etnocêntricos estão enraizados na humanidade e por isso mesmo são difíceis de ser controlados. Porém, quando esse tipo de sentimento se exacerba, produzindo uma ideia de que o outro, visto como o diferente, apresenta, além das diferenças culturais, uma inferioridade biológica, ele pode se transformar em racismo.

Preconceito racial

O preconceito é um julgamento negativo e prévio que os membros de uma raça, de uma etnia, de um grupo, de uma religião ou mesmo de indivíduos constroem em relação ao outro. Esse julgamento prévio apresenta como característica principal a inflexibilidade, pois tende a ser mantido a qualquer custo, sem levar em conta os fatos que o contestem. Trata-se do conceito ou opinião formado antecipadamente, sem maior ponderação ou conhecimento dos fatos. O preconceito inclui a relação entre pessoas e grupos humanos e a concepção que o indivíduo tem de si mesmo e também do outro.

Zilá Bernd (1994) discute que o indivíduo preconceituoso é aquele que se fecha em uma determinada opinião, deixando de aceitar o outro lado dos fatos. É uma posição dogmática e sectária que impede aos indivíduos a necessária e permanente abertura ao conhecimento mais aprofundado da questão, o que poderia levá-los à reavaliação de suas posições.

É por isso que ninguém gosta de se assumir preconceituoso. É comum ouvirmos afirmações do tipo "não sou preconceituoso!"; "no Brasil não existe preconceito racial, pois é uma mistura danada!" Mas, muitas vezes, quando essas pessoas são interrogadas se permitiriam o casamento da filha ou do filho com uma pessoa negra, a primeira resposta é a negação, ou quando veem uma mulher branca casada com um homem negro logo se apressam em dizer que ele deve ter dinheiro, ou quando encontram um homem negro dirigindo um carro caro tendem a pensar que se trata do motorista. Quantas vezes essas situações já não fizeram parte da nossa vida cotidiana?

E as piadinhas? Observem que toda piada sobre o negro emitida em nossa sociedade carrega, no fundo, a ideia de inferioridade racial contra a qual tanto lutamos. Essa contradição na forma como o brasileiro e a brasileira expressam o seu sentimento e o julgamento das pessoas negras, confirma a existência do preconceito racial entre nós.

Ninguém nasce com preconceitos: ele são aprendidos socialmente, no convívio com outras pessoas. Todos nós cumprimos uma longa trajetória de socialização que se inicia na família, vizinhança, escola, igreja, círculo de amizades e até na inserção em instituições enquanto profissionais ou atuando em comunidades e movimentos sociais e políticos. Sendo assim, podemos considerar que os primeiros julgamentos raciais apresentados pelas crianças são frutos do seu contato com o mundo adulto. As atitudes raciais de caráter negativo podem, ainda, ganhar mais força na medida em que se convive em um mundo que coloca as pessoas constantemente diante do trato negativo do negro, do índio, da mulher, do homossexual, do velho e do pobre.

A perpetuação do preconceito racial em nosso país revela a existência de um sistema social racista que possui mecanismos para produzir as desigualdades raciais dentro da sociedade. Por isso, faz-se necessário discutirmos a superação do preconceito, juntamente com as formas de superação do racismo e da discriminação racial pois estes três processos:

"(...) se realimentam mutuamente, mas diferem um pouco entre si. O racismo, como doutrina da supremacia racial, se apresenta como a fonte principal do preconceito racial (...)"

Fonte: Nilma Bentes. Negritando, Belém, Graffite, 1993, p. 21.

Discriminação racial

Tudo começou quando a gente conversava
Naquela esquina ali
De frente àquela praça
Veio os "zomens"
E nos pararam
Documento, por favor,
Então a gente apresentou
Mas eles não paravam
Qualé negão? Qualé negão?
O que que tá pegando?
(...)
É mole de ver
Que em qualquer dura
O tempo passa mais lento
Pro negão
Quem segurava com força a chibata
Agora usa farda
Engatilha a macaca
E escolhe sempre o primeiro negro
Pra passar na revista
(...)
Todo camburão tem um pouco de navio negreiro
(...)
É mole de ver
Que para o negro
Mesmo a Aids possui hierarquia
Na África a doença corre solta
E a imprensa mundial
Dispensa poucas linhas
Comparado, comparado
Ao que faz com qualquer
Figurinha do cinema
Ou das colunas sociais
(...)

Letra: Marcelo Yuka, O Rappa.

A palavra "discriminar" significa distinguir, diferençar, discernir. A discriminação racial pode ser considerada como a prática do racismo e a efetivação do preconceito.

Mas afinal o que é a discriminação?

A psicóloga Maria Aparecida Silva Bento (1998) nos ajuda a entender melhor o que é a discriminação.

Na maioria das vezes, a discriminação racial apresenta semelhanças com o preconceito. Ou seja, ambos partem de ideias, sentimentos e atitudes negativas de um grupo contra outro. No entanto, há uma significativa diferença entre eles: a discriminação racial implica sempre na ação de uma pessoa ou de um grupo de pessoas contra outra pessoa ou grupo de pessoas.

Talvez fique mais fácil compreender a discriminação através de um exemplo. Francisco, dono de uma empresa, tem preconceito em relação a negros e amarelos. Ele diz que os amarelos são muito calados e não falam o que pensam. Quanto aos negros, afirma que são preguiçosos e bagunceiros. No entanto, quando oferece emprego, Francisco aceita amarelos, mas recusa negros. Podemos concluir que ele tem preconceito em relação aos negros e amarelos. Mas só discrimina os negros, à medida que nega oportunidade de emprego a eles.

A diferença entre preconceito e discriminação é exatamente essa: a discriminação implica em uma ação. No exemplo que vimos a ação é negar a oportunidade de trabalho para o negro. A base para ela foi o preconceito que Francisco tem contra os negros. Dessa forma, partindo de um preconceito, ele ofende os direitos dos negros.

Há casos, porém, em que a ação de discriminação não é diretamente motivada pelo preconceito.

Fonte: Maria Aparecida Silva Bento, *Cidadania em preto e branco* – discutindo as relações raciais, São Paulo, Ática, 1998, p. 53 e 54.

Ações afirmativas: definição e legislação em vigor

No Brasil não convivemos com uma discriminação oficial, ou seja, inscrita na lei. Apesar da nossa Constituição não admitir que nenhum cidadão ou cidadã seja excluído por seu sexo, raça, cor ou religião, as pessoas negras, as mulheres, os praticantes de algumas crenças religiosas sofrem processos de discriminação de maneira informal e velada. É por isso que, em nosso país e em vários outros, é preciso existir uma legislação que proteja os direitos humanos, prevendo punição para a prática da discriminação racial e para o crime de racismo. No entanto, só a legislação não basta. É claro que ela é importantíssima, mas é necessário que seja acompanhada de políticas efetivas de combate à discriminação racial e de um processo de reeducação da nossa sociedade perante as diferenças. Precisamos construir novas lógicas e novas mentalidades.

Podemos combater a discriminação e o preconceito, assim como seus efeitos, por meio de duas maneiras básicas: a primeira é a Legislação Penal, ou seja, a criação de leis que punam os atos discriminatórios e a segunda é por meio da promoção de igualdades de oportunidades ou ações afirmativas.

A legislação

A primeira forma de combate à discriminação racial, ou seja, via legislação penal, é uma realidade conhecida por poucos brasileiros e brasileiras. É importante que a população brasileira saiba que existe uma série de leis para punir a discriminação por motivos de raça, sexo, religião, origem nacional, deficiência e outros em nosso país. Essa legislação vem sendo aperfeiçoada nas últimas duas décadas. Em consequência cada vez mais pessoas têm apresentado denúncias e aberto processos na justiça, e mais pessoas têm sido condenadas por atos discriminatórios.

Podemos citar alguns documentos legais de combate ao racismo. Esses documentos podem ser encontrados no livro Manual sobre discriminação racial – a perspectiva dos Direitos Humanos, vol. 1, de Rebeca Oliveira Duarte, 2003. A legislação específica sobre educação pode ser encontrada no site do Conselho Nacional de Educação. São eles:

- Código Penal, art. 140, parágrafo 3º – Injúria discriminatória;
- Lei 7.716/89 – Crime de racismo;
- Lei 7.347/85 – Ação civil pública;
- Lei 9.455/97 – Lei contra a tortura;
- Lei 10.639/03 – Obrigatoriedade da inclusão da História da África e da Cultura Afro-Brasileira no currículo escolar das escolas públicas e particulares de educação básica;
- O parecer 03/2204, de 10 de março de 2004, do Conselho Pleno do Conselho Nacional de Educação que aprova o projeto de resolução das diretrizes curriculares nacionais para a educação das relações étnico-raciais e para o ensino de História e Cultura Afro--Brasileira e Africana;

- A resolução de nº 01 de 17 de junho de 2004 que institui diretrizes curriculares nacionais para a educação das relações étnico-raciais e para o ensino de História e Cultura Afro-Brasileira e Africana;
- Código Civil – arts. 927 a 954 – Danos morais;
- Constituição Federal, art. 5º, LXXIII – Ação popular;
- Documentos internacionais de direitos humanos.

Ações afirmativas

As ações afirmativas constituem-se em políticas de combate ao racismo e à discriminação racial mediante a promoção ativa da igualdade de oportunidades para todos, criando meios para que as pessoas pertencentes a grupos socialmente discriminados possam competir em mesmas condições na sociedade.

Elas podem ser entendidas como um conjunto de políticas, ações e orientações públicas ou privadas, de caráter compulsório (obrigatório), facultativo (não obrigatório) ou voluntário que têm como objetivo corrigir as desigualdades historicamente impostas a determinados grupos sociais e/ou étnico/raciais com um histórico comprovado de discriminação e exclusão. Elas possuem um caráter emergencial e transitório. Sua continuidade dependerá sempre de avaliação constante e da comprovada mudança do quadro de discriminação que as originou.

Essas ações podem ser estabelecidas na educação, na saúde, no mercado de trabalho, nos cargos políticos, entre outros, enfim, nos setores onde a discriminação a ser superada se faz mais evidente e onde é constatado um quadro de desigualdade e de exclusão. A sua implementação carrega uma intenção explícita de mudança nas relações sociais, nos lugares ocupados pelos sujeitos que vivem processos de discriminação no interior da sociedade, na educação e na formação de quadros intelectuais e políticos. As ações afirmativas implicam, também, uma mudança de postura, de concepção e de estratégia.

Trata-se de uma transformação de caráter político, cultural e pedagógico. Ao implementá-las, o Estado, o campo da educação e os formuladores de políticas públicas saem do lugar de suposta neutralidade na aplicação das políticas sociais e passam a considerar a importância de fatores como sexo, raça e cor nos critérios de seleção existentes na sociedade. Nesse sentido, as políticas de ação afirmativa têm como perspectiva a relação entre passado, presente e futuro, pois visam corrigir os efeitos presentes da discriminação praticada no passado, tendo por fim a concretização do ideal de efetiva igualdade e a construção de uma sociedade mais democrática para as gerações futuras. Por isso, está no horizonte de qualquer ação afirmativa a remoção de barreiras interpostas aos grupos discriminados, quer sejam elas explícitas ou camufladas e a prevenção da ocorrência da discriminação.

O objetivo da ação afirmativa é superar as desvantagens e desigualdades que atingem os grupos historicamente discriminados na sociedade brasileira e promover a igualdade entre os diferentes. Isso pode ser feito de maneiras diversas, como, por exemplo, bolsas de estudos; cursos de qualificação para membros dos grupos desfavorecidos; reserva de vagas – as chamadas cotas – nas universidades ou em certas áreas do mercado de trabalho que, segundo pesquisas e dados estatísticos, confirmam uma porcentagem mínima ou a total ausência de sujeitos pertencentes a grupos sociais e raciais com histórico de discriminação e exclusão; estímulo à construção de projetos sociais e educacionais voltados para a população que sofre um determinado tipo de exclusão e discriminação; estímulos fiscais a empresas que comprovem políticas internas para incorporação de negros, mulheres, portadores de necessidades especiais nos cargos de direção e chefia, entre outros.

Ação Afirmativa no Ministério das Relações Exteriores – Itamaraty

PPCOR - 22/3/2004

O Instituto Rio Branco comemora os dois anos do Programa de Ação Afirmativa – Bolsas-Prêmio de Vocação para a Diplomacia para Afrodescendentes (negros) com o lançamento do edital de seleção para 2004, no Dia Internacional contra a Discriminação Racial.

O programa existe desde 2002 e representa um avanço no combate às desigualdades raciais no quadro dos diplomatas brasileiros. O programa oferece atualmente uma bolsa no valor de R$ 25.000,00, parcelada em 10 meses, para custeio de cursos e outros tipos de auxílio que visem à preparação dos beneficiários para a realização do concurso de seleção à carreira diplomática. O Programa de Ações Afirmativas do Instituto Rio Branco é fruto de um convênio com Ministério da Ciência e Tecnologia/Fundação CNPq, Ministério da Cultura/Fundação Palmares, Ministério da Educação, Ministério do Trabalho, Secretaria Nacional de Direitos Humanos e Secretaria Especial de Políticas de Promoção da Igualdade Racial. Conta também com o apoio da Cultura Inglesa, das Alianças Francesas e do Centro de Seleção e de Promoção de Eventos (Cespe), da Universidade de Brasília (UnB). As inscrições podem ser realizadas através dos seguintes endereços eletrônicos: *www2. mre.gov.br/irbr/irbr.htm*; CNPq (*www.cnpq.br*) e do Cespe (*www.cespe.unb.br*).

Fonte: *Site do Programa Política da Cor na Universidade Brasileira* – LPP/UERJ, www. politicasdacor.net.

As políticas de ações afirmativas, nas suas várias modalidades, já foram implementadas em outros países e não só nos Estados Unidos ou no Brasil, como algumas pessoas pensam. Nos vários lugares onde foram implementadas elas tiveram muito bons resultados.

Ações afirmativas: experiências em outros países

Nos Estados Unidos, por exemplo, a ação afirmativa tem ajudado um grande contingente de latino-americanos, mulheres, negros, indígenas e membros de outros grupos a ocupar posições até então impedidas a eles.

As universidades, as empresas, o governo e as Forças Armadas defendem a ideia de que é preciso "promover a diversidade", isto é, incorporar em todos os setores e níveis do universo escolar e do mundo do trabalho, homens e mulheres pertencentes aos diferentes grupos existentes na sociedade norte-americana.

Formas diversas de ação afirmativa têm sido empregadas em muitos outros países, além dos Estados Unidos. Um deles é a Malásia. Lá, a maioria da população pertence à etnia bumiputra, que são os malaios propriamente ditos. Sendo maioria, eles controlam a política, mas a economia do país está nas mãos dos chineses e indianos. Para corrigir essa situação de desigualdade foram estabelecidas medidas temporárias destinadas a prover a participação dos malaios na economia do seu país.

Na Índia existe uma milenar tradição religiosa, o hinduísmo, cujo sistema de castas estabelece a divisão da sociedade em quatro grupos, aos quais a pessoa pertence desde o nascimento. Na posição mais alta estão os brâmanes (sacerdotes e eruditos), seguidos por xátrias (senhores e guerreiros), voixiás (comerciantes, artesãos e fazendeiros) e sudras (trabalhadores rurais e domésticos). Essas quatro castas se subdividem em mais de três mil subcastas, de acordo com a região e a ocupação da pessoa.

Existem também os dalits, que são considerados impuros pelo hinduísmo e excluídos do sistema de castas. Historicamente, estes não têm acesso à terra, aos bons empregos e à educação. Os membros das outras castas nem sequer podem tocá-los – por isso são chamados de dalits, que significa "intocáveis". Nos dias de hoje perpetua-se a discriminação contra os dalits, sobretudo nas aldeias, onde o sistema é mais arraigado.

Assim, para garantir maior participação dos dalits na vida econômica e política do país, a Constituição indiana reserva assentos para membros desse grupo no parlamento e assegura, mediante atribuição de cotas, seu acesso a empregos públicos e à universidade.

Sistemas de ação afirmativa também foram implantados em Israel, na China, na Colômbia, no Peru, na Nigéria, assim como nas antigas Iugoslávia e União Soviética. O objetivo é sempre beneficiar grupos discriminados por motivos raciais, étnicos, de classe ou de gênero.

As ações afirmativas não são uma novidade no Brasil. Aqui já existe a lei que obriga os partidos políticos a terem pelo menos 30% de candidatas do sexo feminino em todas as eleições.

O imposto de renda progressivo, ou seja, a prática de cobrar um percentual maior daqueles que ganham mais, é outro instrumento que podemos enquadrar na noção de ação afirmativa, assim como os mecanismos destinados a canalizar investimentos para regiões mais pobres por meio de incentivos fiscais.

Mas quando o assunto é criar cotas para beneficiar os negros, a resistência no Brasil é enorme. Por que será? Os argumentos são os mais variados. Alguns dizem que os negros deveriam conquistar melhores posições na sociedade por mérito. No entanto, na prática, isso significaria perpetuar uma situação de injustiça e desigualdade. Afinal, não é por falta de mérito que os negros são majoritariamente pobres no Brasil – trata--se de uma consequência de nossa longa história de escravidão, racismo e violência. Também não é por falta de mérito que os negros são minoria nas universidades (as pesquisas apontam que somente 2% dos negros conseguem entrar no curso superior) – trata-se da consequência da desigualdade de oportunidades educacionais e sociais que marcam o nosso país. Essa desigualdade tem como resultado a distinção de oportunidades educacionais, de emprego e de acesso à saúde para negros e brancos.

Todos os indicativos sociais como mortalidade infantil, analfabetismo, salários, expectativa de vida mostram que existe um abismo que separa negros e brancos em nosso país. Uma das maneiras de superar esse problema é o investimento sério em educação, saúde e emprego, beneficiando a população que vive excluída desses direitos sociais. Esta é a população pobre e, entre eles, estão os negros. No entanto, as pesquisas sobre desigualdade social revelam que, mesmo dentro da camada mais pobre da população ainda existe um recorte étnico-racial. Sendo assim, entre os pobres, os negros encontram-se em situação de maior pobreza e desigualdade. Por isso, para solucionar as consequências danosas do racismo na sociedade brasileira, as políticas públicas precisam atingir não somente a população pobre mas, também, a população negra e pobre.

Mas para implementarmos tal política temos que lutar contra um grande mito: a democracia racial. Esse tipo de narrativa, incrustada no *imaginário dos brasileiros, leva-nos a pensar que no Brasil negros e brancos gozam das mesmas oportunidades e de que somos um verdadeiro "paraíso racial". Não é isso que as estatísticas e a realidade do povo negro têm nos mostrado. Dessa forma, se não implementarmos, junto com as políticas sociais de caráter mais abrangente que já existem no Brasil, políticas específicas ou ações afirmativas voltadas para os negros, nossa sociedade continuará acreditando na mentira pregada pelo mito da democracia racial e o segmento negro da população continuará vivendo cotidianamente situações de racismo e discriminação racial, mesmo que a Constituição brasileira condene a prática do racismo como crime inafiançável.*

Fonte: Edson Borges, Carlos Alberto Medeiros e Jacques d'Adesky, *Racismo, preconceito e intolerância*, São Paulo, Atual, 2002, p. 35-37.

Mas quais serão as iniciativas de ações afirmativas voltadas para a população negra já existentes no Brasil? É bom que todos saibam que tais experiências já estão em curso. Alguns exemplos:

a) A Lei federal nº 10.639, de 10 de janeiro de 2003, que torna obrigatório o ensino de História da África e da Cultura Afro-Brasileira nos currículos da educação básica dos estabelecimentos públicos e privados do nosso país.

b) A Lei estadual nº 3.708, de 9 de novembro de 2001, que institui cota de 40% para as populações negra e parda no acesso à Universidade do Estado do Rio de Janeiro e à Universidade do Norte Fluminense.

c) O Projeto de Lei nº 4.370, de 1998, do deputado Paulo Paim (PTRS) que estabelece que os negros devem compor pelo menos 25% do total de atores, atrizes e figurantes em filmes e programas veiculados pelas emissoras de TV e cinema.

d) A criação de cotas de 20% para negros em empresas contratadas em licitações públicas, no Ministério do Desenvolvimento Agrário.

e) A criação de cotas de 20% para negros, 20% para mulheres e 5% para portadores de necessidades especiais em cargos de confiança no Ministério da Justiça, em empresas terceirizadas e em entidades conveniadas, no governo do presidente Fernando Henrique Cardoso.

f) O programa internacional de bolsas de pós-graduação da Fundação Ford/Fundação Carlos Chagas – São Paulo.

g) O programa Políticas da Cor na Sociedade Brasileira, do Laboratório de Políticas Públicas da UERJ, com apoio da Fundação Ford.

h) O programa Diversidade na Universidade, promovido pela Secretaria de Educação Continuada, Alfabetização e Diversidade – Ministério da Educação – Brasília.

i) O concurso de dotações para pesquisa Negro e Educação – promovido pela Anped (Associação Nacional de Pós-Graduação e Pesquisa em Educação), pela ONG Ação Educativa-SP, com apoio da Fundação Ford.

j) A Primeira Mostra de Literatura Afro-Brasileira, promovida pela Secretaria Municipal de Educação de Belo Horizonte.

k) Prêmio Nacional Educar para a Igualdade Racial – experiências de promoção da igualdade racial/étnica no ambiente escolar, promovido pela ONG Ceert (Centro de Estudos das Relações de Trabalho e Desigualdades-SP).

Mas, afinal, o que são cotas raciais?

A prática de estabelecer uma proporção ou número de vagas para estudantes em instituições educativas e para trabalhadores no mercado de trabalho a partir de critérios sociais é conhecida como política de cotas. As ações afirmativas são muito mais abrangentes do que a política de cotas e estão inseridas na luta pelo combate às desigualdades sociais. Há uma forte polêmica instalada na opinião pública e uma grande confusão entre ação afirmativa e cotas, sobretudo, quando pensamos a aplicação de tais medidas voltadas para um segmento específico da população: os negros e negras brasileiros.

Um dos motivos dessa confusão é que a discussão em torno dessa temática envolve desconhecimento, incompreensão e manipulação política. Muitas pessoas se colocam contrárias a qualquer tipo de ação afirmativa sem saber exatamente o que isso significa. Outras usam falsos argumentos apenas para defender a manutenção de sua posição privilegiada na sociedade; há ainda aqueles que distorcem os fatos e afirmam, sem provar, que as ações afirmativas não tiveram resultados positivos em outros países onde foram implementadas, o que não é verdadeiro. E ainda há aqueles que reduzem as ações afirmativas às cotas raciais e dizem que estas poderão gerar ainda mais discriminação.

As cotas representam uma das estratégias de ação afirmativa e, ao serem implantadas, revelam a existência de um processo histórico e estrutural de discriminação que assola determinados grupos sociais e étnico/raciais da sociedade. Talvez por isso elas incomodem tanto a sociedade brasileira, uma vez que desvelam a crença de que somos uma "democracia racial" (que todas as raças e etnias convivem harmoniosamente e participam democraticamente de todas as oportunidades sociais em nosso país) e que se resolvermos a questão socioeconômica resolveremos a racial.

Mas qual foi o contexto em que surge a reivindicação por cotas raciais, sobretudo no campo educacional, em nossa sociedade? No século XX, nos anos 1980, a luta do Movimento Negro Brasileiro, no que se refere ao acesso à educação, reafirmava a democratização do acesso à escola para todos: mais escolas, mais vagas na universidade para todos. Porém, à medida que as políticas públicas de educação, de caráter universal, foram implementadas, observava-se que não resultavam em condições de participação igualitária entre brancos e negros. O discurso do movimento e suas reivindicações começaram a mudar.

As políticas de cotas na educação ganharam força, em especial neste novo século. No cenário político nacional, o discurso sobre cotas raciais realizado pelo Movimento Negro não é algo tão estranho e vem abrangendo outros segmentos e grupos. Ele se dá em conjunto com outras políticas de reconhecimento, como as cotas para os portadores de necessidades especiais, em empresas estatais, e para mulheres nos partidos políticos e em cargos de representação pública. Não se limita tampouco a vagas nos cursos superiores. O mercado de trabalho também é um setor da nossa sociedade que tem sido alvo da luta pelas cotas raciais, demandada pelo movimento negro.

Preconceito desafia política de cotas

São Paulo – Discriminação contra os negros nas contratações, promoções e nos programas de treinamento interno ainda são comuns nas empresas brasileiras. É essa a avaliação de consultores e especialistas em questões raciais ouvidos pela reportagem, apesar da crescente preocupação em se adotar políticas inclusivas. "A alta direção não convive com a ideia da discriminação e acredita que o problema é com os negros", diz a diretora do Centro de Estudos das Relações de Trabalho e Desigualdades (Ceert), Maria Aparecida da Silva Bento. "Quando se mostra um estudo provando que a empresa investe em treinamento ou que faz promoções de maneira diferenciada, eles ficam perplexos".

Diversidade

Especialista em recursos humanos, Maria Aparecida tem se dedicado nos últimos anos a ajudar empresas a desenvolver programas corporativos sobre diversidade.

"Acompanho funcionários negros e brancos com a mesma formação e com o mesmo tempo no emprego e os brancos são sempre privilegiados em programas no exterior, em cursos de inglês e em financiamentos de MBAs". Ao contrário do que já ocorre com portadores de deficiências, não há legislação no Brasil que determine que empresas devam ter em seus quadros um determinado porcentual de funcionários negros. O decreto federal 3.298 de 1999, determinou que de 2% a 5% dos funcionários das empresas devem ser deficientes. O Ministério do Trabalho e Emprego informa que em São Paulo empresas têm cumprido parcialmente a decisão.

A discussão sobre cotas começou a ganhar corpo no fim dos anos 1990. No ano passado, uma pesquisa do Instituto Ethos de Responsabilidade Social mostrou que, em 94% das empresas ouvidas, as diretorias eram ocupadas por brancos. "O diálogo ainda está em fase de sensibilização", diz Sueli Carneiro, da Organização Não Governamental Geledés – Instituto da Mulher Negra. Segundo ela, as empresas costumam alegar que quando se dispõem a contratar negros esbarram na dificuldade de não encontrar profissionais com o perfil desejado. "Elas deveriam então criar uma política voltada para estagiários negros que abrisse perspectiva de galgar cargos na empresa". Entre as empresas que já adotam políticas claras em favor dos negros está a Kodak. Há três anos, a empresa passou a considerar a cor da pele critério de desempate entre candidatos – priorizando profissionais negros. "No começo, houve comentários do tipo 'ah, eu sou branco e não tenho chance nessa empresa'", conta a diretora Recursos Humanos, Patrícia Belo. Na fábrica da Ford em Camaçari, região metropolitana de Salvador, não foi estabelecida cota mínima para empregar negros, mas 70% dos 4.500 funcionários são negros ou mulatos. O critério para a contratação foi a proximidade da moradia do empregado. "Nossos funcionários têm um desempenho espetacular", atesta o presidente da Ford do Brasil, Afonso Maciel Neto. (AE).

Fonte: *Gazeta* – ES – Brasil 22 fev. 2003.

No Brasil, o ensino superior brasileiro tem sido um dos setores da nossa sociedade em que a demanda pelas cotas raciais se faz mais contundente e, nos últimos anos, algumas universidades públicas e privadas têm implementado a reserva de vagas para negros. Isso não quer dizer que os ativistas do movimento negro, intelectuais, políticos e outros defensores das cotas raciais como uma modalidade de ação afirmativa voltada para o segmento negro da população não reconheçam a necessidade dessa política em outros setores sociais. O mercado de trabalho é um exemplo de mais um espaço que precisa ser democratizado entre negros e brancos.

As constantes denúncias do Movimento Negro sobre a desigualdade entre negros e brancos na sociedade, de modo geral, e no ensino superior, em específico, juntamente com a publicação dos dados oficiais sobre desigualdade racial no Brasil pelo Ipea (Instituto de Pesquisa Econômica Aplicada – fundação pública vinculada ao Ministério do Planejamento, Orçamento e Gestão) no ano de 2001, estimularam ainda mais a luta pelas cotas raciais no ensino superior.

Segundo o Ipea, a escolaridade média de um jovem negro com 25 anos de idade gira em torno de 6,1 anos de estudo; um jovem branco da mesma idade tem cerca de 8,4 anos de estudo. O diferencial é de 2,3 anos de estudo. A intensidade dessa discriminação racial, expressa em termos de escolaridade formal dos jovens adultos brasileiros, é extremamente alta, sobretudo se lembramos que se trata de 2,3 anos de diferença em uma sociedade cuja escolaridade média dos adultos gira em torno de 6 anos.

As maiores diferenças absolutas em favor dos brancos encontram-se nos segmentos mais avançados do ensino formal. Por exemplo, entre os jovens brancos de 18 a 23 anos, 63% não completaram o ensino secundário. Embora esse número por si só seja elevado, ele não se compara aos 84% de jovens negros da mesma idade que ainda não concluíram o mesmo nível de ensino.

A realidade do ensino superior, apesar da pequena diferença absoluta entre as raças, é desoladora. Em 1999, 89% dos jovens brancos entre 18 e 25 anos não haviam ingressado na universidade. Os jovens negros nessa mesma faixa de idade, por sua vez, praticamente não dispõem do direito ao acesso ao ensino superior, na medida em que 98% deles não ingressaram na universidade.

Esses dados mostram, também, que as políticas educacionais de caráter universal implementadas ao final do século XX não foram suficientes para alterar a desigualdade racial na educação brasileira. As trajetórias escolares de jovens negros e brancos continuam pautadas em uma desigualdade secular a ser superada.

Nesse sentido, algumas universidades públicas brasileiras já se mobilizaram e, aos poucos, vêm adotando formas diversas de democratização do acesso e da permanência de negros e negras no ensino superior. Em 2004, a Universidade do Estado do Rio de Janeiro, a Universidade do Norte Fluminense, a Universidade de Brasília, a Universidade Estadual da Bahia e a Universidade Estadual de Mato Grosso do Sul já implementaram cotas raciais. Outras universidades públicas já estão em processo de implementação.

A implementação das cotas nessas universidades tem sido aplicada de acordo com as especificidades regionais, a negociação interna das universidades e as iniciativas políticas dos governos, da comunidade acadêmica e das organizações da sociedade civil local. Em 2005, a Universidade Federal da Bahia e a Universidade Federal de Alagoas também devem implementar cotas raciais voltadas para alunos negros e, no ano de 2004, o Governo Federal enviou ao Congresso Nacional um programa de democratização do acesso das universidades públicas federais de um modo geral, o qual inclui a adoção de cotas raciais.

As cotas raciais já representam uma realidade no ensino superior brasileiro. No momento, as universidades passam por um momento de sensibilização, reconhecimento da necessidade da política de cotas, implementação de política de permanência e acompanhamento dos alunos e das alunas cotistas e início do processo de avaliação. Como esse é um processo recente (2004), ainda não podemos avaliar os seus impactos reais. É preciso tempo para que a geração que está entrando no Ensino Superior via vestibular e sistema de cotas construa uma trajetória acadêmica, se forme e entre para o mercado de trabalho.

A discussão sobre as cotas raciais tem levado outras universidades e o próprio governo brasileiro a pensar as políticas sociais, levando em consideração medidas de ações afirmativas que também contemplem questões de raça e gênero. Podemos dizer que o terceiro milênio trouxe para o Brasil uma outra discussão sobre a garantia de direitos e sobre a construção de oportunidades iguais para todos, respeitando as diferenças.

Aos poucos, a sociedade brasileira, concorde ou não com as cotas raciais, está sendo desafiada a implementar práticas de superação do racismo e das desigualdades social e racial. Os meios de comunicação de massa têm dado uma cobertura interessante ao debate sobre as cotas. Seja na internet, nos jornais, na TV, de alguma forma esse debate passou a fazer parte do cotidiano de uma parcela da população brasileira que antes nem se preocupava ou não estava atenta às questões da desigualdade racial.

Podemos dizer, então, que, ao final de 2004, a sociedade brasileira vive um momento ímpar na construção de política públicas universais e específicas que respeitem as diferenças e garantam oportunidades iguais para todos. Ainda há muito que lutar e que se construir. Mas os primeiros passos já foram dados. Engana-se quem pensa que esses passos dizem respeito somente ao século XX e ao terceiro milênio. Na realidade, desde que o primeiro africano foi escravizado e trazido à força para essa terra que hoje chamamos de Brasil, a luta e a resistência do povo negro já havia começado. E todos nós somos herdeiros dessa luta e dessa força: negros, brancos, índios, amarelos, asiáticos.

Meus ancestrais

Trazidos em navios negreiros
Muitos morreram de banzo antes de aqui chegar
A boca secava de sede,
Caíram no samba para a dor passar
Criaram uma luta nas matas e debaixo do nariz do feitor
Dançavam pra disfarçar,
Batuque, São Bento Grande, Santa Maria,
São Bento Pequeno, Iúna, Cavalaria.

É bom e tenho o prazer de dizer que sou Afro-Brasileiro

Nossa cultura se expande pelo mundo inteiro

Tem até europeu tocando berimbau e pandeiro

Do mundo do açúcar a computadores

Toca-disco, fax, celular,

Rádio de pilha, desemprego

Me mande um e-mail pra gente se comunicar

Do mundo do açúcar a computadores

Toca-disco, fax, celular,

Rádio de pilha, desemprego

Me mande um e-mail para gente se aquilombar

Hei, black broder

Levante lute

Na moral

Hei, black broder

Se ligue e lute na moral.

E ai Domingos Jorge Velho qual é a sua?

O quilombo permanece vivo, a luta continua

Na ditadura grandes mestres foram exilados

Seu Rui Barbosa cadê os livros de História que foram queimados?

Na minha cidade 21 de abril é feriado

E 20 de novembro mal é lembrado

Mas mesmo assim trago sorriso no rosto tenho o samba no pé

Sou bamba de capoeira e acredito no meu candomblé

Aróbobóyie oxumarê

Patacuri ogum comorodé ode

Kabiésilè Kawó

Tem muito mais não tenho preconceito!

Pelo contrário tenho orgulho estampado no peito

Somos miscigenados por inteiro

Salve o povo índio branco afro-brasileiro.

Música: *Black Broder*. Autores: Mestre Negoativo/Alexandre Cardoso – Berimbrown

Certa vez, o líder sul-africano na luta contra o regime racista do Apartheid na África do Sul e ex-presidente desse país disse, em um dos seus muitos discursos: "ninguém nasce odiando outra pessoa pela cor de sua pele, por sua origem ou por sua religião. Para odiar, as pessoas precisam aprender e, se podem aprender a odiar, podem ser ensinadas a amar". Esse é o objetivo principal das políticas de ações afirmativas e da discussão sobre a História da África e da Cultura Afro-Brasileira presentes neste livro.

7• Homens e mulheres negros: notas de vida e de sucesso

Quantos homens e mulheres negras colaboraram para a construção do nosso país? Quantos resistiram às desigualdades e discriminação e lutaram por uma sociedade justa e igualitária? Um livro é um espaço muito restrito para apresentá-los. Muitos nomes nem foram registrados, outros tampouco são reconhecidos, muitos passaram pela história no anonimato sem perder seus ideais e compartilhando sua rica bagagem cultural com o povo brasileiro.

Os nomes aqui selecionados representam parte desta luta e da força do povo negro. Reconhecemos que muitos outros nomes poderiam tomar parte neste livro. Porém, os limites impostos pelo tempo e pelo número de páginas não nos possibilitam ampliar ainda mais as biografias. São nomes que deveriam ser lembrados e estudados por nós. Por meio dessas figuras da nossa história, homenageamos todos os negros e negras vivos e mortos.

Agradecemos ao PortalAfro pela disponibilização, em seu site (http/:www.portalafro.com.br) das notas de vida de tantos homens e mulheres que fizeram e fazem sucesso. Agradecemos também a Revista Eparrei, da Casa de Cultura da Mulher Negra (Santos-SP).

Abdias do Nascimento

Nasceu no interior de São Paulo, na cidade de Franca, em 14 de março de 1914, e morreu em 23 de maio de 2011, no Rio de Janeiro. Filho de uma doceira e de um sapateiro, desde cedo aprendeu a lutar por seus ideais e objetivos. Foi protagonista de vários fatos históricos, como, por exemplo, a criação do Movimento Negro Unificado, em São Paulo:

> *"Eu estava lá, em 1978, nas escadarias do Teatro Municipal, no momento em que foi fundado o MNU. Depois, fizemos várias viagens por todo o país criando núcleos do Movimento Negro na Bahia, em Minas Gerais e na Paraíba, por exemplo".*

Abdias do Nascimento

Foi um dos fundadores da Frente Negra Brasileira, importante movimento iniciado em São Paulo, em 1931. Criou o Teatro Experimental do Negro – TEN, em 1944. Foi secretário de Defesa da Promoção das Populações Afro-Brasileiras do Rio de Janeiro, deputado federal pelo mesmo estado, em 1983, e Senador da República, em 1997.

É autor de vários livros: *Sortilégio, Dramas para negros e prólogo para brancos, O negro revoltado*, entre outros. Foi Professor Benemérito da Universidade do Estado de Nova York e doutor *Honoris Causa* pelo estado do Rio de Janeiro.

Abdias do Nascimento foi, sem dúvida, um fundamental militante no combate à discriminação racial no Brasil. Sua história confunde-se com as conquistas sociais dos negros nos últimos 60 anos.

Adhemar Ferreira da Silva

Foi o primeiro campeão olímpico brasileiro e o único a conquistar duas medalhas de ouro em Olimpíadas consecutivas no salto triplo, em 1952 e 1956.

Além de grande atleta, também teve uma brilhante carreira profissional e foi autor de muitos projetos esportivos para jovens, com o principal objetivo de "ensiná-los a ser campeões na vida".

Foi Coordenador de Esportes da Universidade Sant'Anna, em São Paulo, e autor do projeto esportivo universitário cujo prêmio leva seu nome: "Troféu Adhemar Ferreira da Silva de Atletismo Internacional Universitário". Foi também patrono do Programa de Apoio ao Atletismo, patrocinado pela Bolsa de Mercadorias & Futuros – BM&F.

Em 2000, entrou definitivamente para a elite do esporte mundial ao ser agraciado com a "Ordem Olímpica" do Comitê Olímpico Internacional. Foi o único brasileiro incluído na publicação da Federação Internacional de Atletismo que, em janeiro de 2000, consagrou os grandes mitos do atletismo mundial do século XX. Faleceu em 12 de janeiro de 2001, aos 74 anos.

Alzira Rufino

Batalhadora incansável da luta pelos direitos da mulher, sobretudo da mulher negra. Ingressou no Partido dos Trabalhadores – PT quando este ainda era ilegal. Como profissional, atua na área de saúde, da Enfermagem. Politicamente, é no período de construção do PT em Santos, que começou sua formação política, tendo Telma dos Santos e Edméa Ladevig como referências, enquanto lideranças políticas e mulheres corajosas, à frente do seu tempo. Em 1985, coordenou o primeiro 8 de março (Dia Internacional da

Mulher), na Baixada Santista (SP). Em 1986, fundou o Coletivo de Mulheres Negras da Baixada Santista para fortalecer as mulheres negras da região. Atualmente é coordenadora da ONG Casa de Cultura da Mulher Negra (Santos-SP) e editora da Revista Eparrei.

André Rebouças

André Pinto Rebouças nasceu em Cachoeira, no Recôncavo Baiano, em 1838. Era filho de Antônio Pereira Rebouças (1798-1880), jurisconsulto e orador parlamentar. Tecnólogo, foi construtor das primeiras docas no Rio de Janeiro, na Bahia, em Pernambuco e no Maranhão. Implantou núcleos coloniais às margens dos rios Paraná e Uruguai; realizou, juntamente com seu irmão Antônio Rebouças (1839-1879), também engenheiro, as obras do sistema e abastecimento de águas do Rio de Janeiro – realizações que o credenciaram como uma das maiores autoridades brasileiras em Engenharia Hidráulica. Morreu tragicamente na Ilha da Madeira, aos 60 anos de idade, no autoexílio que se impôs com a queda do seu amigo D. Pedro II, deixando publicados inúmeros trabalhos técnicos, todos registrados no Catálogo da Exposição da História do Brasil. A denominação de um dos túneis que ligam a zona norte à zona sul no Rio de Janeiro, é uma homenagem ao seu trabalho e ao de seu irmão em prol da engenharia nacional.

Benedita da Silva

Benedita da Silva nasceu em 1942 na favela da Praia do Pinto, na cidade do Rio de Janeiro e viveu, durante 57 anos, no Morro do Chapéu Mangueira, no Leme. Formou-se Auxiliar de Enfermagem, no nível médio, e é licenciada em Estudos Sociais.

Em 1994, tornou-se a primeira mulher negra a ocupar uma vaga no Senado, dando continuidade a uma carreira pública que começou em 1982, quando foi eleita vereadora no Rio de Janeiro, após militância na Associação de Favelas do estado do Rio de Janeiro.

Em 1986, Benedita elegeu-se deputada federal e participou da Assembleia Nacional Constituinte, onde atuou como titular da Subcomissão dos Negros, das Populações Indígenas e Minorias. Em seguida, passou à Comissão de Ordem Social e à Comissão dos Direitos e Garantias do Homem e da Mulher.

Depois de reeleger-se em 1990, Benedita da Silva candidatou-se à Prefeitura do Rio de Janeiro. Venceu no primeiro turno; no entanto, perdeu no segundo para César Maia. Em 2001, presidiu a Conferência Nacional de Combate ao Racismo, Discriminação Racial, Xenofobia e Intolerâncias

Correlatas, que reuniu mais de 10 mil pessoas de todo país, entre lideranças de ONGs e governos. No início do Governo Luiz Inácio Lula da Silva, assumiu a Secretaria de Assistência e Promoção Social.

Carolina de Jesus

Nasceu na cidade de Sacramento, interior de Minas Gerais, em 1914. Era neta de escravos. Seu pai tocava violão. Coube à mãe de Carolina o sustento da família. Carolina abandonou seus estudos ainda no curso primário para ajudar na manutenção da casa. Depois de passar por várias peripécias pelo sul de Minas Gerais, chegou a São Paulo, estabelecendo-se na favela do Canindé.

A obra *Quarto de despejo*, escrita por uma moradora de favela, negra, semianalfabeta, causou um grande impacto nos meios acadêmicos. Carolina Maria de Jesus jamais poderia imaginar o poder explosivo que estava contido em seus diários.

Quarto de despejo alcançou sucesso inesperado e impressionante. Sua primeira edição, de 10 mil exemplares, esgotou em menos de uma semana. O livro foi traduzido para cerca de trinta idiomas, merecendo sucessivas reedições com tiragens superiores a 100 mil unidades. A obra foi adaptada para teatro, rádio, televisão e cinema, sempre com grande sucesso. O poder dessa obra de caráter social mede-se por seu impacto na capital paulista: o fim da favela do Canindé, na ocasião, a maior e mais problemática de São Paulo.

Carolina Maria de Jesus também publicou outras obras: *Diário de Bitita*, de 1996; *Casa de alvenaria; Crônicas; Pedaços da fome* e *Romance*, de 1963, pela editora Áquila.

Cartola

É impossível falar de samba sem falar de Cartola. Angenor de Oliveira nasceu em 11 de outubro de 1908. Recebeu o apelido quando passou a usar um elegante chapéu-coco. Autor de sambas inesquecíveis como *As rosas não falam, O mundo é um moinho* e *O sol nascerá*. Cartola foi também um dos fundadores da Estação Primeira de Mangueira, tendo sugerido o nome da escola de samba e as cores verde e rosa. Nas favelas ou nos redutos intelectuais, Cartola é visto da mesma maneira: autêntico, harmonioso, lírico e genial. Morreu em 1980, deixando várias obras que hoje são referências para qualquer estudo sério sobre a música brasileira.

Castro Alves

Antônio de Castro Alves nasceu em Muritiba, em 1847, e faleceu em Salvador, em 1871. Iniciou seus estudos de Direito em Recife e São Paulo, não chegando a formar-se devido à sua morte prematura aos 24 anos. Foi o maior representante da Escola Condoreira na poesia e é cognominado O Poeta da Abolição. *O navio negreiro*, *Espumas flutuantes* e *A cachoeira de Paulo Afonso* são exemplos de seu talento, que o situa em posição singular na literatura brasileira.

Chica da Silva

Francisca da Silva nasceu escrava. Era filha da negra Maria da Costa e do português Antônio Caetano de Sá. Chica teve o seu primeiro filho com o seu proprietário, o médico português Manuel Pires Sardinha, fato documentado, segundo a historiadora Junia Furtado, no arquivo do bispado. Ele exerceu os cargos de Juiz e Presidente do Senado da Câmara na Vila do Príncipe. Sardinha estava impedido legalmente, pela Igreja, de assumir esta paternidade, mas concedeu alforria ao menino na ocasião do batismo. Francisca Parda (como era chamada) foi alforriada pelo Desembargador João Fernandes de Oliveira, que chegara ao Arraial do Tejuco no segundo semestre de 1753, para administrar o contrato dos diamantes arrematado por seu pai.

Chica viveu em Tejuco, a região mais cobiçada da colônia portuguesa devido aos seus diamantes, e seu poder tornou-se tão grande que passou a ser conhecida como "Chica que manda". Entre 1755 e 1770, teve treze filhos com João Fernandes, sendo nove mulheres e quatro homens. Chica agia como qualquer senhora da elite local. Educou suas nove filhas no Recolhimento de Macaúbas, melhor educandário de Minas, destinado apenas às moças das famílias abastadas. Depois da volta de João Fernandes ao Reino, Chica buscou realizar bons casamentos para as filhas. Seu filho João tornou-se o principal herdeiro do pai, que constituiu em Portugal o Morgado do Grijó, destinando-lhe dois terços de seus bens.

A imagem de Chica da Silva que se popularizou em nossos dias foi a de uma mulher que abusava da sensualidade para conseguir o que queria. Este é, entretanto, um dos estereótipos do papel que a mulher negra ocupou na sociedade colonial, construído pelos historiadores a partir do século XIX.

Clementina de Jesus

Clementina de Jesus (Juca Martins/Olhar Imagem)

Nasceu em 7 de agosto de 1902, em Valença (RJ). Negra, filha de um violeiro, desde pequena ouvia os cantos de trabalho, os jongos, benditos, ladainhas e partidos altos cantados pela mãe. Ainda criança, mudou-se com a família para o Rio de Janeiro e foi viver no subúrbio de Oswaldo Cruz, zona norte da cidade, onde passou sua adolescência. Foi excelente cantora e sambista, participou de shows em Dacar, capital do Senegal, onde representou o Brasil no Festival de Arte Negra, ao lado de Paulinho da Viola, Elisete Cardoso e Elton Medeiros. Desde a sua estreia para o grande público, Clementina passou a ser chamada Quelé. Em 1968, gravou com Pixinguinha o disco Gente da antiga. Em 1970, lançou o seu primeiro disco individual, Clementina, cadê você? editado pelo Museu da Imagem e do Som do Rio de Janeiro. Faleceu no Rio de Janeiro, no dia 19 de setembro de 1987.

Domingas Maria do Nascimento

Escrava forra, teve destaque na liderança do movimento da Conjuração Baiana, que, em 1798, inspirada na fase popular da Revolução Francesa, pretendia alcançar a Independência do Brasil com uma sociedade igualitária.

Dom Silvério Gomes Pimenta

Nasceu em 1840, em Congonhas do Campo e morreu em 1920, em Mariana, Minas Gerais. Foi o primeiro bispo negro brasileiro. De família muito pobre, graças à sua inteligência e tenacidade chegou a padre, teólogo e poeta. Pregador de grandes recursos, foi camareiro do Papa Leão XIII. Em 1896, foi sagrado Bispo de Mariana. Em sua produção literária destaca-se o livro A Vila de Dom Viçoso. Pertenceu à Academia Brasileira de Letras.

Elisa Lucinda

Nasceu num domingo, 2 de fevereiro, em Vitória do Espírito Santo, onde se formou em jornalismo e chegou a exercer a profissão. Em 1986, mudou-se para o Rio de Janeiro disposta a seguir a carreira de atriz.

Sempre atuando em teatro, cinema e televisão, publicou o seu primeiro livro de poesia O Semelhante, em 1994. Esse foi um passo para que a peça de mesmo nome, onde ela dizia seus versos e conversava com a plateia, permanecesse em cartaz durante seis anos, no Brasil e no exterior.

No mesmo formato, apresentou *Eu te amo semelhante* e excursionou pelo país com mais um espetáculo solo, *Parem de falar mal da rotina*, sucesso de crítica e público no Fórum Internacional de Culturas, Barcelona, em 2004.

Popularizando a poesia com seu jeito coloquial de escrever e dizê--la, sua presença cênica tanto no palco como na tela é impressionante, pois encantou milhares de pessoas com sua voz ao viver a cantora Pérola na novela *Mulheres apaixonadas*.

Elisa Lucinda (arquivo Global Editora)

Elisa Lucinda é considerada um dos maiores fenômenos da poesia brasileira. A menina transparente, poema que marca sua estreia na literatura infantil, recebeu o Prêmio Altamente Recomendável, da Fundação Nacional do Livro Infantil e Juvenil – FNLIJ.

Emanoel Araújo

Nasceu em Santo Amaro da Purificação, no interior da Bahia, numa família de três gerações de ourives, originária de cafuzos e mulatos. Emanoel Araújo levou a experiência de marceneiro e linotipista para a Escola de Belas Artes da Bahia, onde se formou artista gráfico de xilogravura, depois escultor de formas que chegam ao monumental, em madeira e metal, colocando em todas essas manifestações as raízes negras de sua origem e de sua cultura. Com trânsito internacional em museus e universidades, tendo dirigido por dez anos a Pinacoteca do Estado de São Paulo, que transformou em um dos mais importantes museus da América Latina.

Emanoel Araújo também organizou a brilhante exposição de arte negra, *Negras memórias, memórias de negros, o imaginário luso afro-brasileiro* e *a herança da escravidão*, que ocupou a galeria do Sesi em São Paulo e o Palácio das Artes em Belo Horizonte, durante o Festival de Arte Negra em 2003. Em 2004, preparava-se para a implantação de dois museus, o Museu Nacional de Arte Afro-Brasileira, em Salvador, a convite do então Ministro da Cultura, Gilberto Gil, e o Museu de Arte Afro-Brasileira, em São Paulo, no Pavilhão Manoel da Nóbrega, no parque do Ibirapuera. Neste último, seu acervo pessoal será exposto. Ele não se acha um ativista político ligado a organizações da causa negra, mas sim um pesquisador e um defensor da cultura negra e seu reconhecimento.

Fátima de Oliveira

Médica, secretária executiva da Rede Feminista de Saúde; diretora da União Brasileira de Mulheres; do Conselho Diretor da Comissão de Cidadania e Reprodução; integrante do Conselho Nacional dos Direitos da Mulher, autora de publicações sobre a saúde da mulher negra, bioética e engenharia genética. Fátima de Oliveira é uma incansável militante da causa das mulheres de um modo geral e das mulheres negras, em específico.

Francisca

Viveu em Salvador, Bahia, no início do século XIX. Teve papel destacado na articulação do levante escravo de 1814, ocorrido na Bahia. Com seu companheiro, Francisco Cidade, também escravo, coordenou o movimento. A pretexto de custear batuques e danças da nação, eles percorriam as armações locais (locais de pesca), coletando dinheiro e transmitindo aos escravos os planos de revolta. Com a repressão desencadeada sobre os conspiradores, Francisca e seu companheiro foram presos. A polícia encontrou em seu poder papéis escritos em árabe, onde ela e ele figuravam como "Rainha" e "Rei" da conspiração. Sufocada a rebelião, Francisco Cidade foi condenado à morte, mas teve a pena comutada e foi deportado para um presídio na África. O paradeiro de Francisca era desconhecido.

Geni Guimarães

Ela escreveu *Leite do peito*, é negra e carrega as marcas do sofrimento de seus antepassados. No seu livro, conta como sua infância foi pontuada pelo carinho da família e pelo preconceito dos outros, lamentando, às vezes, não por si e sim por causa das situações que viveu quando criança. Ela trata dessa questão com uma venerável tranquilidade e clareza, o que demonstra a força que teve para superar os percalços da infância.

Em seus escritos, Geni aborda suas lutas, dúvidas, e como enfrentou as barreiras impostas; o sonho recortado, da santa que não o era, do orgulho da raça retirado de seu peito num atropelo histórico de um dia de aula. A escrita de Geni Guimarães é um retrato verbal de uma infância que sofreu o preconceito, e que sentiu na pele, literalmente, as diferenças que, impostas, tiveram de ser recolhidas e muitas vezes engolidas com o sabor de fel. Talvez daí venha a epígrafe que antecede seus contos: "a salmoura tem a mesma cor da garapa. Só a sede descobre a diferença dos sabores".

Gilberto Gil

Gilberto Passos Gil Moreira nasceu em Salvador, BA, em 29 de junho de 1942. Ao lado de Caetano Veloso, Gilberto Gil também é um espírito inventivo à procura de novos códigos musicais. O maduro trabalho de hoje nos remete à sua trajetória colorida, flexível, diversificada e extremamente receptiva. O misticismo, a natureza e a cultura negra estão muito presentes, destoando sons eletrônicos em meio a muita percussão e o contraste de ritmos como o *rock*, o *reggae* e as batidas nordestinas se fundem numa sonoridade infindável.

Articulador do movimento tropicalista, foi de grande expressão, principalmente em suas composições de protesto. *Domingo no parque* foi um dos marcos da explosão deste movimento. Perseguido pela ditadura militar, Gilberto Gil mudou-se para Londres em 1969 e, como despedida, compôs *Aquele abraço*. De volta ao país, em fevereiro de 1972, lançou o disco *Expresso 2222*. Quatro anos depois, gravou Doces bárbaros com Caetano Veloso, Maria Betânia e Gal Costa.

Em 1988, Gil ingressou na política e foi eleito vereador de Salvador pelo Partido do Movimento Democrático Brasileiro (PMDB). Ao final do mandato, desistiu de disputar nova eleição. Em 1993 lançou *Tropicália 2*, em parceria com Caetano Veloso. Em 2002, foi convidado a ser o Ministro da Cultura do governo Lula.

Grande Otelo

Sebastião Bernardes de Souza Prata não era carioca, como muitos podem imaginar. Era mineiro, nascido em Uberlândia, em 1915. Ganhou o sobrenome da família que o educou – Prata – até que ele resolvesse se aventurar no Rio de Janeiro e em São Paulo em busca de sua vocação: ser ator.

Na Ópera Nacional, onde estudou, ganhou dos colegas o apelido de Pequeno Otelo. Ele se autointitulou *The Great Otelo*, mais tarde abrasileirado e dando a ele o nome pelo qual se tornaria conhecido: Grande Otelo. Assim começou a carreira de um dos maiores atores brasileiros, que passou pelos palcos dos cassinos e dos grandes shows das mais importantes casas noturnas do Rio. Passou também pelo teatro, pelo cinema e pela televisão, deixando sempre a lembrança de personagens marcantes.

Sua principal atividade foi o cinema. Apareceu pela primeira vez na tela em *Noites cariocas*, em 1935. Trabalhou em alguns filmes conhecidos como *Futebol e família* (1939) e *Laranja da China* (1940), conseguindo fama suficiente para ser chamado para trabalhar no primeiro filme produzido pela Atlântida: *Moleque Tião*, de 1943.

O sucesso se consolidou ao formar dupla com outro grande mito do cinema nacional: Oscarito. Juntos, participaram de mais de dez chanchadas como *Carnaval no fogo*, *Aviso aos navegantes* e *Matar ou correr*.

Mas ele não era apenas comediante. Como ator dramático, marcou presença em vários filmes, entre os quais *Lúcio Flávio - Passageiro da agonia* e *Rio, zona norte*.

Grande Otelo morreu de enfarte ao desembarcar em Paris, às vésperas de seus 78 anos, a caminho do Festival dos Três Continentes, em Nantes, onde seria homenageado.

João Cruz e Sousa

Nasceu em 21 de novembro de 1862 em Florianópolis (Santa Catarina), tendo se mudado depois para o Rio de Janeiro, onde trabalhou como funcionário público e jornalista. Defensor do Simbolismo, opôs-se aos parnasianos que gozavam de grande prestígio na época. Em sua poesia aparece uma religiosidade difusa, com uma lírica próxima ao misticismo. Mesmo sem grande cultura literária, sua obra tem grande sensibilidade. Suas obras mais destacadas são: *Broquéis* (poesia, 1893), *Missal* (prosa, 1893) e *Últimos sonetos* (póstumo). Faleceu em Sítio (Minas Gerais).

Joel Rufino dos Santos

Historiador e romancista, nasceu em 1941, no Rio de Janeiro, e faleceu em setembro de 2015. Foi professor da UFRJ e membro do Comitê Científico Internacional do Programa Rota do Escravo, da Unesco. Escreveu muitas histórias maravilhosas para crianças e adolescentes. Duas coisas foram muito importantes para que ele gostasse de livros: as histórias que ouvia de sua avó materna e as que aprendeu lendo a Bíblia; aliás, foi na Bíblia que sua família escolheu seu nome e o nome de seus irmãos.

Uma outra paixão que marcou a infância de Joel foi o gibi. Gostava tanto de ler histórias em quadrinhos, que sonhava receber seu primeiro salário para comprar uma banca de jornal, cheia de gibis só para ele. Quando se tornou adulto, Joel foi exilado. Morou algum tempo na Bolívia e quando voltou ao Brasil foi preso.

Joel Rufino dos Santos é autor, entre outros livros, de *Épuras do social – Como os intelectuais podem trabalhar para os pobres*; *Quando eu voltei*, tive uma surpresa; *Paulo e Virgínia. O literário e o esotérico no Brasil atual*; *O dia em que o povo ganhou. A guerra da independência da Bahia*; *O que é racismo*; *História política do futebol brasileiro*. E, ainda, *Gosto de África*; *Uma estranha aventura em Talalai*; *O presente de Ossanha* – infantojuvenis.

Joel Rufino dos Santos (arquivo Global Editora)

Jorge dos Anjos

Jorge Luiz dos Anjos (Ouro Preto, MG, 1957) inicia sua formação artística ainda menino, na Fundação de Arte de Ouro Preto, onde estuda com Nuno Mello, Ana Amélia e Amilcar de Castro. Suas obras têm sempre como referência básica elementos minerais. Sofre influência do imaginário africano em suas esculturas em ferro oxidado e no óxido gravado nas telas. Desde 1993 tem feito experiências na área do *design*, criando luminárias com estrutura metálica e náilon translúcido, que conservam muito de sua linguagem como escultor.

José do Patrocínio

Nasceu em 1853 em Campos, um dos polos escravagistas do país, mas mudou-se para o Rio de Janeiro, onde começou a vida como servente de pedreiro na Santa Casa de Misericórdia do Rio. Pagando o próprio estudo, formou-se em Farmácia. Em 1875, porém, descobriu a sua verdadeira vocação ao ler um jornal satírico chamado *Os Ferrões*. Começava ali a carreira de um dos mais brilhantes jornalistas brasileiros de todos os tempos.

Dono de um texto requintado e viril, José do Patrocínio consagrou--se um articulista famoso em todo o país, fundou seu próprio diário, a *Gazeta da Tarde* e tornou-se o *Tigre do Abolicionismo*. Em maio de 1883, criou, junto com André Rebouças, uma confederação unindo todos os clubes abolicionistas do país. A revolução se iniciara. "E a revolução se chama Patrocínio", diria Joaquim Nabuco. "Se toda a propriedade é roubo, a propriedade escrava é um roubo duplo, contrária aos princípios humanos que qualquer ordem jurídica deve servir." Não se tratava apenas de uma retórica inflamada de nítida inspiração socialista, nem de um mero exercício de propagandismo desabusado que se poderia esperar de um dos jornalistas mais famosos do país. Filho de um padre com uma escrava que vendia frutas, José do Patrocínio sabia do que estava falando: senhor por parte de pai, escravo por parte de mãe, vivera na pele todas as contradições da escravatura.

Pouco depois de a Princesa Isabel assinar a Lei Áurea, sob uma chuva de rosas no paço da cidade, a campanha que, por dez anos, Patrocínio liderara parecia encerrada. Aos 35 anos incompletos, era difícil supor que, a partir dali, Patrocínio veria sua carreira ir ladeira abaixo. Mas foi o que aconteceu: seu novo jornal, *A Cidade do Rio* (fundado em 1887), virou porta--voz da monarquia – em tempos republicanos. Foi acusado de estimular a formação da Guarda Negra, um bando de escravos libertos que agiam com violência nos comícios republicanos. Em 1889, aderiu ao movimento republicano: tarde demais para agradar aos adeptos do novo regime, mas ainda em tempo para ser abandonado pelos ex-aliados. Em 1832, depois de atacar o ditador de plantão, Marechal Floriano, Patrocínio foi exilado na Amazônia. Em 1893, voltou ao Rio de Janeiro, mas seu jornal foi fechado. A miséria bateu-lhe à porta e ele mudou-se para um barracão no subúrbio. Em 1905, o *Tigre do Abolicionismo* – pobre e desamparado – morria, imerso em dívidas e esquecimento.

Léa Garcia

Dona Stella Lucas Garcia, mãe de Léa Garcia, era modista famosa na zona sul carioca. Casada com o bombeiro José dos Santos Garcia, fazia questão de vestir-se com sofisticação, usando suas próprias criações, apesar dos parcos recursos. Para o guarda-roupa da pequena Léa, filha única do casal, Dona Stella caprichava ainda mais. Era assim que a clientela aumentava. Lamentavelmente, esta fase encerra-se com a prematura morte de Dona Stella. Léa tinha apenas onze anos e foi morar com sua avó materna, Dona Constança, que era tão elegante quanto a filha e trabalhava como governanta para a rica e tradicional família Godoy. Era a estreia, inconsciente, da atriz Léa Garcia. As amplas e requintadas salas da casa da família eram um cenário cinematográfico e os membros da família Godoy, seus coadjuvantes.

Aos dezesseis anos, cursava o 2º grau, no conceituado Colégio Amaro Cavalcanti. Conheceu Abdias do Nascimento, que, juntamente com Guerreiro

Ramos, fundara o Teatro Experimental do Negro. Encantada com aquele mundo novo, Léa passou a matar aulas para desfrutar de tardes de poesia e assistir aos espetáculos de teatro. Um dia, quando voltava para casa, foi surpreendida por seu pai, que alertado das faltas da garota foi conferir o que se passava. Irado, deu uma surra em Léa, ali mesmo, na rua. Determinada, fugiu de casa e passou a viver com Abdias, não voltando jamais e enfrentando o feroz preconceito de parte da conservadora sociedade carioca da década de 1950. Hoje, mantendo a mesma classe e elegância herdadas de Dona Stella, Léa Garcia nos fascina com a firmeza de seu discurso e objetividade de suas ideias.

Lélia González

Nasceu em Minas Gerais, filha de pai negro e mãe índia. Era a caçula de treze irmãos. Lélia Almeida González, militante constante da causa da mulher e do negro, em todos os espaços que atuou, se fez digna representante. Era graduada em História e Filosofia pela Universidade do estado do Rio de Janeiro, UERJ, mestre em Comunicação pela Universidade Federal do Rio de Janeiro, UERJ e doutorada em Antropologia Social pela Universidade de São Paulo, USP. Soube usar o espaço acadêmico para desenvolver pesquisas temáticas relacionadas à mulher e ao negro. Foi professora de várias universidades e escolas importantes e o seu último cargo acadêmico foi o de Diretora do Departamento de Sociologia e Política da Pontifícia Universidade Católica do Rio de Janeiro, PUC.

Na vida política destacou-se como participante da fundação do Movimento Negro Unificado (MNU), anos 1970, do Instituto de Pesquisas das Culturas Negras (IPCN), anos 1970 e do Coletivo de Mulheres Negras N'Zinga. Foi membro do Conselho Nacional dos Direitos da Mulher. Participou ativamente de inúmeros congressos internacionais. Atuou também em partidos políticos como primeira suplente de deputado federal, pelo PT em 1982 e suplente de deputado estadual pelo PDT, em 1986.

Incentivadora ardorosa das manifestações culturais de raízes negras, participou de carnavais do Grêmio Recreativo de Arte Negra e Escola de Samba Quilombo. Ajudou a fundar o Olodum, bloco Afro de Salvador, com quem mantinha intercâmbio constante. Várias vezes fez parte do corpo de jurados das escolas de samba e era torcedora fervorosa do futebol brasileiro. Lélia Gonzalez, acadêmica, uma das fundadoras do Colégio Freudiano de Psicanálise, entendia o futebol como cultura. Deixou, além de obras coletivas, teses e muitas anotações, os livros *Lugar de negro*, com coautoria de Carlos

Hasenbalg e *Festa populares no Brasil*. Em seu último trabalho, Lélia de Almeida Gonzalez refletia sobre a especialidade dos negros da diáspora, condição que ela denominou de Amefricanidade.

Lima Barreto

Afonso Henriques de Lima Barreto nasceu e morreu no Rio de Janeiro, em 1922. Foi funcionário público e jornalista. Sempre sofrendo preconceito dos colegas durante a juventude, foi ignorado pela crítica quando lançou suas primeiras obras, já que não se submetia à proteção de outros escritores da época.

Em 1911, em três meses, escreveu o romance *Triste fim de Policarpo Quaresma*, publicado em folhetins no *Jornal do Comércio* e também na *Gazeta da Tarde*. Em início de 1919, suspende a colaboração no semanário *ABC*, por ter a revista publicado um artigo contra a raça negra, com o qual não concordava. De dezembro de 1919 a janeiro de 1920 é internado no hospício, devido a forte crise nervosa, resultando a experiência nas anotações dos primeiros capítulos da obra *O cemitério dos vivos*, memórias somente publicadas em 1953, juntamente com as do *Diário íntimo*, num mesmo volume. Tendo a sua saúde declinando mês a mês, agravada pelo reumatismo, pela bebida e outros padecimentos, Lima Barreto morreu em 1º de novembro de 1922, vitimado por um colapso cardíaco. Atualmente, tem crescido o interesse entre os novos escritores brasileiros pela obra de Lima Barreto, tido como o pioneiro do romance social, cuja produção literária – vasta, em proporção ao número de anos que viveu – ganha, a cada dia, o merecido destaque. São seus principais romances: *Recordações do escrivão Isaías Caminha* (1909); *Triste fim de Policarpo Quaresma* (1915); *Numa e a ninfa* (1915); *Vida e morte de M. J. Gonzaga de Sá* (1919); *Clara dos Anjos* (1948). *Os bruzundangas* (1923); *Coisas do Reino do Jambom* (1953).

Luís Gama

Luís Gonzaga Pinto da Gama nasceu em Salvador, Bahia, em 1830, filho de escravos (de Luísa Mahim), e foi vendido pelo pai, em 1840, devido a uma dívida de jogo. Comprado em leilão pelo Alferes Antonio Pereira Cardoso, passou a viver em cativeiro em Lorena, São Paulo.

Em 1847 foi alfabetizado e, no ano seguinte, fugiu da fazenda e foi para São Paulo. Lá se casou, por volta de 1850, e frequentou o curso de Direito como ouvinte. Em 1864, fundou o jornal *Diabo Coxo*, do qual foi redator. Entre 1864 e 1875 colaborou nos jornais *Ipiranga*, *Cabrião*, *Coroaci* e *O Polichileno* e fundou, em 1869, o jornal *Radical Paulistano*, com Rui Barbosa.

Sempre utilizou seu trabalho na imprensa para a divulgação de suas ideias antiescravistas e republicanas. Em 1873 foi um dos fundadores do Partido Republicano Paulista, em Itu, em São Paulo. Nos anos seguintes, teve intensa participação em sociedades emancipadoras, na organização de sociedades secretas para fugas e ajuda financeira a negros, além do auxílio na libertação nos tribunais de mais de 500 escravos foragidos. Por volta de 1880, tornou-se líder da Mocidade Abolicionista e Republicana.

Os poemas de Luís Gama estão vinculados à segunda geração do Romantismo. Para Luís Gama, ser poeta "não era debruçar-se sobre si mesmo, num irremediável narcisismo, mas voltar-se para o mundo, medi-lo com olhos críticos, zurzir-lhe os erros, as injustiças, as falsidades". Morreu em São Paulo em 1882.

Luísa Mahim

Notável mulher negra livre e guerreira, teve participação destacada em dois dos principais movimentos revolucionários do Brasil-colônia em Salvador: a Revolta dos Malês, em 1835, e a Sabinada em 1837. Há controvérsias quanto ao local de nascimento de Luísa. Não se sabe ao certo se veio da África, como escrava, para a Bahia, ou se nasceu já em Salvador. Tornou-se livre por volta de 1812.

Oriunda da etnia jêje-nagô, da etnia Mahi, dizia ter sido princesa na África. Luísa Mahim foi perseguida pelo Governo da Província e foi para o Rio de Janeiro, onde também participou de outras insurreições negras, sendo, por isso, como relatam os historiadores, deportada para o continente africano. Ainda na Bahia, teve um filho com um fidalgo libertino português, Luiz Gonzaga Pinto da Gama, que se tornou grande poeta e ativo abolicionista. Por iniciativa do Coletivo de Mulheres Negras de São Paulo, em 9 de março de 1985, seu nome foi dado a uma praça em Cruz das Almas, bairro da capital paulista.

Machado de Assis

Joaquim Maria Machado de Assis, jornalista, contista, cronista, romancista, poeta e teatrólogo, nasceu no Rio de Janeiro em 21 de junho de 1839 e morreu na mesma cidade a 29 de setembro de 1908. De origem humilde, mestiço, filho do operário Francisco José Machado de Assis e de Leopoldina

Machado de Assis
(Acervo da Biblioteca Nacional,
Rio de Janeiro, RJ)

Machado de Assis, perdeu a mãe muito cedo. Pouco se conhece de sua infância e início da adolescência. Foi criado no morro do Livramento, sem recursos para cursos regulares e estudou como pôde.

Para ajudar seus pais, Machado de Assis empregou-se como aprendiz de tipógrafo na Imprensa Nacional. Nessa época, começou a escrever os primeiros versos, alguns dos quais foram publicados no jornal A Marmota. Machado de Assis é considerado um dos maiores talentos literários brasileiros de todos os tempos. Obras principais: *Memórias Póstumas de Brás Cubas*, 1881; *Quincas Borba*, 1891; *Dom Casmurro*, 1899; *Esaú e Jacó*, 1904; *Memorial de Aires*, 1908.

Mãe Stella

Iya Odé Kayode, Maria Stella de Azevedo Santos, nasceu em Salvador, em 2 de maio de 1925. Foi iniciada na religião dos orixás por Mãe Senhora. Desde junho de 1976, quando tomou posse como Iyalorixá, seu trabalho se caracteriza por manter e preservar os fundamentos e práticas religiosas. Suas entrevistas, sua participação na Comunidade, seu brado contra o sincretismo, expressam sua força, crença e caráter.

Mãe Stella de Oxossi é a quinta Ialorixá do terreiro Ilê Axé Opô Afonjá desde 1976, comunidade religiosa fundada por D. Eugenia Anna dos Santos, em 1910. Acredita e professa a Religião dos Orixás, uma religião composta de teologia, liturgia e dogmas. Iya Stella é um marco e também uma continuidade da tradição religiosa trazida pelos Babalorixás e Iyalorixás que aqui chegaram.

Manuel Querino

Manuel Raimundo Querino nasceu em Santo Amaro da Purificação, Bahia, em 1851 e morreu em Salvador, Bahia, em 1923. Iniciou seus estudos de desenho e arquitetura na Academia de Belas Artes na Bahia. No campo da arte decorativa, pintou panos de boca para teatros, decorou residências e edifícios públicos, além de exercer a pintura de cavalete. Interessado em problemas políticos e sociais, militou na imprensa abolicionista e foi um dos fundadores do Partido Operário da Bahia. Um dos pioneiros nos estudos sobre o negro no Brasil, publicou, entre outros, *A raça africana e seus costumes*, *O colono preto como fator de civilização brasileira*, *A arte culinária na Bahia*, *A Bahia de outrora* e *As artes na Bahia*.

Mestre Didi

Deoscóredes Maximiliano dos Santos, conhecido como Mestre Didi, nasceu em Salvador, em 1917, e morreu em 6 de outubro de 2013, em Salvador. Iniciou-se no culto dos ancestrais em 1925, tendo recebido, desde então, vários títulos e cargos sacerdotais próprios da hierarquia religiosa de origem africana. Levado a confeccionar objetos rituais desde a infância e adolescência, teve a sensibilidade artística despertada pelo viés da religiosidade. A princípio, suas esculturas estavam limitadas ao terreiro Axé Opô Afonjá de Mãe Stela. Mas, aos poucos, foram se tornando conhecidas, e hoje, o artista é um dos nomes mais respeitados nas artes plásticas em todo o mundo. Suas peças foram adquiridas por acervos públicos e privados em vários lugares do mundo, inclusive pelo Museu Picasso, de Paris.

Milton Gonçalves

Milton Gonçalves nasceu em 1933, na cidade de Monte Santo, Minas Gerais. Aos seis anos, mudou-se com a família para a cidade de São Paulo. Começou a trabalhar ainda criança, sendo ajudante de farmácia, aprendiz de alfaiate e vendedor de livros. Sua carreira artística teve início em São Paulo, inteiramente por acaso.

Em vez de ser o motorista da família para a qual sua mãe trabalhou, Milton preferiu tentar a profissão de gráfico. Um dia, depois de assistir à peça *A mão do macaco*, a convite do ator Egídio Eccio, saiu maravilhado. Empolgado, entrou logo para um clube de teatro amador, do qual passou para um grupo profissional. Estreou na peça infantil *A revolta dos brinquedos*. Convidado por Egídio Eccio, entrou para o Teatro da Juventude em 1955, assumindo as funções de ator, contrarregra, maquinista, eletricista e produtor. Excursionou por várias cidades e estados, adquirindo grande experiência de palco.

Entre as montagens de que participou estão *Ratos e homens*, *Revolução na América do Sul* e *A mandrágora*. Estreou no cinema com filme *O grande momento*, de Roberto Santos. Tornou-se um coadjuvante assíduo em diversas produções cinematográficas, fazendo quase sempre papéis de bandido.

No final dos anos 1960, seu talento começou a ser reconhecido. São 40 anos de palco que coincidem com a história da televisão brasileira, com boa parte da trajetória do teatro e do cinema nacional e com a vida cultural do país desde os anos 60. Nesse percurso, Milton Gonçalves acumulou um currículo invejável e quilométrico: atuou em mais de 30 peças, dirigiu outras cinco, participou como ator em mais de 100 filmes, perdeu a conta dos personagens que viveu na televisão, dos programas e novelas que dirigiu e dos prêmios que ganhou. Continua sendo um dos atores negros mais atuantes do cinema brasileiro. Participou de *Orfeu*, de Cacá Diegues; *Bufo & Spallanzani*, de Flávio Tambellini e, recentemente, *Carandiru*, de Hector Babenco.

Milton Santos

Milton Santos, professor emérito da Universidade de São Paulo (USP), nasceu em Brotas de Macaúbas, na Bahia, em 1926 e morreu de câncer em junho de 2001, em São Paulo. Os pais, professores primários, o alfabetizaram em casa. Aos 8 anos, já havia concluído o equivalente ao curso primário. Neto de escravos por parte de pai, foi incentivado a estudar sempre e muito.

Começou a lecionar Geografia no que seria hoje o ensino médio, em substituição a um professor e também para custear seus estudos. Formado em Direito, não chegou a exercer a profissão, preferindo prestar concurso para professor e dar aulas em Ilhéus. Teve participação ativa na política baiana, trabalhando em cargos públicos, porém, sem ser cooptado por governos ou partidos políticos.

Após o golpe militar, se transferiu para França, tendo estudado e lecionado neste país e em diversos outros como Estados Unidos, Tanzânia e Venezuela. Produziu mais de 40 livros, sendo *Por uma outra globalização, A natureza do espaço, A urbanização brasileira, Metamorfoses do espaço habitado, Novos rumos da geografia brasileira* e *O trabalho do geógrafo no terceiro mundo* algumas de suas obras mais importantes. É considerado um dos intelectuais brasileiros de maior reconhecimento no exterior.

Paulo Paim

Gaúcho, nasceu em Caxias do Sul, Porto Alegre, em 15 de março de 1950. Paim revelou seu talento para a política desde cedo: foi presidente do grêmio estudantil do ginásio noturno para trabalhadores e também do Ginásio Estadual Santa Catarina, ambos em Caxias do Sul.

O projeto do Estatuto da Igualdade Racial fez do Deputado Paulo Paim um dos principais líderes negros do Brasil. É um dos raros políticos negros que conseguiu construir uma sólida carreira no Congresso Nacional. Há mais de 15 anos é deputado federal pelo Partido dos Trabalhadores do Rio Grande do Sul. Hoje é senador e quando deputado foi o que obteve o maior número de votos no seu estado, uma região onde a população é formada basicamente por descendentes de italianos e alemães e os negros são minoria. Um resultado, no mínimo, surpreendente se comparado, por exemplo, à Bahia, onde a maioria negra não garante sua proporcionalidade em nenhuma esfera do poder. E é esta uma das bandeiras do Deputado Paulo Paim: a conscientização política da comunidade negra e sua consequente evolução.

Seu envolvimento com as questões sindicais e raciais o tornou conhecido e respeitado em todo o país, tanto no meio sindical quanto pelos militantes e entidades que lutam contra a discriminação racial.

Pixinguinha

Alfredo da Rocha Vianna Filho, o Pixinguinha, nasceu em 23 de abril de 1897; porém durante muito tempo aceitou-se o ano de 1898 como o de seu nascimento, fato aceito inclusive pelo próprio músico. Esta data baseava-se em uma lista do pai de Pixinguinha, escrita à mão, com as datas dos nascimentos dos filhos. O erro foi corrigido recentemente, já que na certidão de batismo, datada de 28 de maio de 1898, constava que o nascimento ocorrera um ano antes, no dia 23 de abril. O apelido Pixinguinha é uma mistura de Pizindim (pequeno bom), posto por uma prima, com Bexiguinha, que surgiu depois que ele contraiu bexiga.

Pixinguinha (http://samba-choro.com.br/s--cpixinguinha.html)

A família Vianna era numerosa; dos catorze filhos, muitos cantavam e tocavam instrumentos. O caçula, Pixinguinha, começou no cavaquinho e acompanhava o pai, que tocava flauta em alguns bailes. Logo começou a estudar música, experimentando também o bombardino e, aos doze anos, compunha sua primeira obra, o choro *Lata de leite*, inspirado nos boêmios (os chorões da época) que bebiam o leite deixado nas portas das casas, quando retornavam das noitadas e dos bailes.

A casa dos Vianna reunia chorões ilustres, como Candinho do Trombone, Viriato, Bonfiglio de Oliveira, e muitos outros. O menino Pixinguinha tentava reproduzir numa flautinha de folha algumas das músicas executadas. Em pouco tempo começaria a ter aulas e, em 1911, o professor

Irineu Batina levaria o aluno para tocar flauta na orquestra da Sociedade Dançante e Carnavalesca Filhas da Jardineira. São desta época os primeiros registros em jornais sobre Pixinguinha, ainda como Alfredo Vianna Júnior. Neste ano gravou seus primeiros discos, como componente do conjunto Choro Carioca. São eles: *São João debaixo d'água*, *Nhonhô em sarilho* e *Salve* (*A princesa de cristal*). No ano seguinte, já era diretor de harmonia do Rancho Paladinos Japoneses e fazia parte do conjunto Trio Suburbano.

Em 1915, Pixinguinha era destaque da emergente Música Popular Brasileira. Já havia gravado discos e editado músicas de sucesso. Os jornais da época começavam a citar o jovem flautista. Em 1917, o músico era solicitado para as principais festas carnavalescas. Dois anos depois, formou--se o conjunto Os Oito Batutas, composto de flauta, violões, piano, bandolim, cavaquinho e percussão. Em breve o conjunto se tornava moda também nos salões elegantes e a aristocracia, já cansada da música erudita, se renderia ao charme dos rapazes morenos.

O sucesso dos Batutas começava a incomodar e os ataques foram muitos. A sociedade carioca imitava os modos e a cultura europeia; para muitos era uma vergonha ter uma orquestra de negros no Rio de Janeiro, mas os rapazes venceram e em breve estavam viajando por outros estados, sempre com estrondoso sucesso. Em janeiro de 1922, Os Oito Batutas embarcaram em um navio, rumo a Paris, com os bailarinos Duque e Gaby. A temporada deveria ser de um mês, mas o sucesso fez com que o grupo permanecesse por mais cinco meses. Os Batutas, composto entre outros, por Donga e China (seu irmão), apresentaria para os franceses a ginga carioca, com muito samba, *swing* e maxixe. Em 1923, compôs *Carinhoso*, talvez seu maior sucesso, e quatro anos depois casou-se com Albertina Nunes Pereira, a Betty. A trajetória de Pixinguinha foi ascendente e, a partir da década de 1930, participou de gravações históricas: com Carmen Miranda, em *Taí* (*Pra você gostar de mim*) e O teu cabelo não nega, esta última, também com a participação de Lamartine Babo. Com o grupo da Guarda Velha, em 1932, tocaria com Luís Americano, Donga e João da Baiana entre outros. Como músico ou maestro, já era mestre, atuando com todos os grandes intérpretes da época. Foi um dos fundadores do rádio, ainda em 1922, e inaugurou várias estações cariocas, como Tupi Transmissora (atual Globo), a Mayrink Veiga etc.

Depois de oito anos de casamento, Pixinguinha e Betty adotaram um menino, Alfredo da Rocha Vianna Neto. Em 1937, se juntaria com João da Baiana, Tute, Luperce Miranda e de Valeriano, e formariam Os Cinco Companheiros.

No final dos anos 1940 começou a sofrer do coração e, em 1958, teve a sua segunda crise cardíaca. Ao longo de sua vida, recebeu cerca de 40 troféus e medalhas e em 1961, foi nomeado, pelo então presidente Jânio Quadros, para o Conselho Nacional de Música; não chegando a assumir o cargo, já que Jânio renunciaria. Um ano depois, fez uma parceria famosa com Vinicius de Moraes, na trilha sonora do filme *Sol sobre a lama: Lamentos* e *Mundo melhor* foram os grandes sucessos da dupla.

Em junho de 1964 passou um mês internado, depois de sofrer um edema agudo seguido de enfarte. Depois de dois anos parado, tocou sax na festa em sua homenagem, *Noite de Pixinguinha*, no Teatro Jovem, tendo como convidados, João da Baiana e Clementina de Jesus.

Em 1968, foram comemorados os seus 70 anos com uma exposição no Museu da Imagem e do Som, uma audição no Teatro Municipal e sessão comemorativa na Assembleia Legislativa.

Em junho de 1972, Betty faleceu; sem a companheira de sempre, Pixinguinha passaria a viver em companhia de Alfredinho e sua nora. A alegria voltou em 1973, quando nasceu Eduardo, seu segundo neto. Pixinguinha compôs então, pela última vez, *Eduardinho no choro*. Depois de 26 dias faleceu na Igreja Nossa Senhora da Paz, aonde tinha ido para batizar o filho de um amigo. Seu corpo foi velado no MIS e, no dia seguinte, enterrado no cemitério de Inhaúma, junto ao de Betty. O povo, em uma última homenagem, cantou *Carinhoso*.

Raquel Trindade

Professora de sincretismo religioso afro-brasileiro, danças folclóricas, história do teatro negro e também artista plástica. Filha de Maria Margarida, coreógrafa, terapeuta ocupacional e presbiteriana e de Solano Trindade, folclorista, poeta, pintor, teatrólogo, militante comunista e uma das expressões da luta contra a discriminação racial no Brasil, Raquel considera que sua casa foi a grande escola da vida. "Nasci no Recife e cresci ouvindo meu avô, que era velho de pastoril, ler histórias de cordel e meu pai falar sobre a criação da Frente Negra Pernambucana. Quando mudamos para o Rio de Janeiro, formos morar na Gamboa, por onde passavam afoxés e se ouvia o samba espontâneo". Fundou o Teatro Popular Solano Trindade, no Embu, e desenvolve vários trabalhos ligados às artes plásticas, cultura e dança afro-brasileira.

Ruth de Souza

Ruth de Souza (Negro de corpo e alma, Black and body and soul, Mostra do Redescobrimento, 2000)

O Teatro Municipal do Rio de Janeiro já foi cenário de diversas histórias e inspiração para tantas outras. A que envolve a carreira da atriz Ruth de Souza pode não ser a mais famosa, mas é, sem dúvida, uma das mais comoventes. Sua mãe, Alaíde Pinto de Souza, era apaixonada por operetas e sempre levava consigo sua única filha aos espetáculos do municipal. "Éramos pobres e não sei como minha mãe fazia para conseguir os ingressos. Só me recordo que quando estreava *A viúva alegre*, por exemplo, ela ficava entusiasmadíssima, me enfeitava toda e íamos ao municipal".

Sem explicação, em uma dessas vezes, a pequena Ruth entrou pela porta dos artistas e assistiu ao espetáculo sentada numa cadeira, ao lado do homem que controlava as cortinas, no palco. A garota ficou fascinada com o vaivém dos artistas e técnicos. O momento mágico aconteceu quando a estrela, numa das saídas para troca de figurino, olhou para ela e carinhosamente acariciou seus cabelos. Mais tarde, Ruth ficou sabendo que aquela, que talvez tenha sido sua fada madrinha, era uma diva do canto lírico. Algumas décadas mais tarde, Ruth voltou ao mesmo teatro para receber o prêmio Ministério da Cultura de Artes Cênicas, pelo conjunto de sua obra. Certamente, emocionou-se ao pisar naquele palco, não mais como uma menina encantada por operetas, e sim como uma grande atriz. Talvez tenha procurado, de soslaio, pelos cantos, aquela cadeira, cúmplice e coadjuvante de sua precoce estreia.

Teodoro Sampaio

Teodoro Fernandes Sampaio foi um dos maiores vultos da intelectualidade brasileira. Nasceu em Canabrava, em Santo Amaro, no Recôncavo Baiano, em 1855. Era filho da escrava Domingas da Paixão com o senhor de engenho Francisco Antônio da Costa Pinto, fidalgo cavalheiro da Casa Imperial. O pai, que nunca o legitimou, viveu solteiro toda a vida, gerando uma vasta prole de filhos naturais.

Mas, na falta do pai, a instrução do menino Teodoro é assumida pelo tio, o Comendador Manuel Lopes da Costa Pinto, depois o Barão e Visconde de Aramaré, que o manda, aos nove anos de idade, para São Paulo e, depois para um colégio interno (Colégio São Salvador), no Rio de Janeiro.

Em 1877, com 22 anos, Teodoro Sampaio forma-se na recém-criada Escola Politécnica Fluminense, fazendo-se sócio do Instituto Politécnico Brasileiro, ao mesmo tempo em que retorna a Salvador para comprar a alforria da mãe escrava. Tomada essa providência, radicou-se em São Paulo, onde iniciou a carreira profissional de engenheiro civil.

Participante de uma comissão governamental encarregada de estudar melhoramentos para os portos brasileiros e a navegação interior dos rios que desembocavam no litoral, viajou pela região do São Francisco. Em 1904, Sampaio volta à Bahia, onde, a serviço da municipalidade de Salvador, realizou grandes obras de engenharia, entre elas, a reconstrução do velho prédio da Faculdade de Medicina, no Terreiro de Jesus. Anos depois, com o nome já também consolidado como geógrafo e historiador, elegeu-se deputado federal e ingressou como sócio no Instituto Histórico e Geográfico Brasileiro.

Dono de vasta produção intelectual, Teodoro Sampaio foi nomeado, nos anos 1930, diretor da Faculdade de Filosofia, Ciências e Letras da recém-inaugurada Universidade de São Paulo. E é a partir daí que empreendeu uma de suas mais importantes realizações, ao promover a vinda, para integrar o corpo docente da faculdade, de um grande número de intelectuais estrangeiros, implantando na USP linhas permanentes de pesquisa científica, o que conferiu a esta universidade o grande salto de qualidade e excelência. Entre estes estão: Claude Lévi-Strauss, Roger Bastide e Fidelino de Figueiredo.

Toni Tornado

Se hoje todos conhecem Toni Tornado das novelas de televisão, alguns ainda lembram que em 1970 ele foi a revelação do V Festival Internacional da Canção, cantando *BR-3*, ao lado do Trio Ternura. Antônio Viana Gomes é natural de Mirante do Paranapanema, interior de São Paulo. Foi engraxate, vendedor de balas e paraquedista militar antes de se tornar o cantor Tony Checker no programa Hoje É Dia de Rock, da Rádio Mayrink Veiga. Passou dez anos fora do Brasil, três deles em Nova York, onde se aproximou do crescente movimento *black* e conheceu Tim Maia. Voltou para o Brasil já com o pé no *soul*, trabalhando no conjunto samba-rock de Ed Lincoln (com quem gravou em 1968). Foi descoberto por Tibério Gaspar na boate carioca New Holyday, e lançou seu primeiro disco-solo em 1971. Um ano mais tarde, o segundo álbum chegou às lojas, carregado pelo sucesso de Podes crer, amizade, canção da qual é coautor.

Zezé Mota

Nascida em Campos, cidade do norte fluminense, aos dois anos de idade Zezé veio para o Rio de Janeiro, onde passou a estudar em um colégio interno. Um dia, levada pelas mãos de Maria Clara Machado, foi, como bolsista, fazer um curso de teatro no Tablado, e começou a se interessar pela arte de representar. Em 1967 já estava profissionalizada.

Como atriz, Zezé Motta tem carreira fulgurante. Sua estreia no teatro se deu em 1967, com *Roda viva*. Fez *Xica da Silva*, e foi com este papel que recebeu todos os prêmios como atriz. Recentemente, Zezé protagonizou um curta-metragem sobre Carolina Maria de Jesus, autora do livro *Quarto de despejo*.

A carreira de cantora começou em 1971, em São Paulo, quando se apresentava como *crooner* nas casas noturnas Balacobaco e Telecoteco. Desde então, por sua voz de inegáveis recursos e seu timbre especial, aliados à presença carismática, ela personificou a negritude com sua sensualidade assumida, combinando o misticismo dos cultos afros com uma ousadia ingênua. Conhecida internacionalmente, como cantora e atriz, é Presidenta do Centro Brasileiro de Informação e Documentação do Artista Negro Cidan.

·····Referências Bibliográficas >

Capítulo 1. O Brasil, afinal o que é?

BERGMANN, Michel. **Nasce um povo:** estudo antropológico da população brasileira: como surgiu, composição racial, evolução futura. 2. ed. Petrópolis: Vozes, 1978.

CASTRO, Yeda Pessoa de. **Falares africanos na Bahia.** Rio de Janeiro: Academia Brasileira de Letras, 2001.

DIEGUES JUNIOR, Manuel. **Etnias e culturas no Brasil.** 6. ed. Rio de Janeiro: Civilização Brasileira, 1977.

Capítulo 2. África: berço de diversas civilizações

ABU BAKR, A. O Egito faraônico. In: MOKHTAR, G. (coord. do volume). **História Geral da África II. A África antiga.** São Paulo: Ática; (Paris): Unesco, 1983.

COQUERY-VIDROVITCH, Catherine. **La découverte de l'Afrique.** Paris: Editora René Julliard, 1965.

DEMUNTER, Paul. **Masses et luttes politiques au Zaire.** Paris: Editions Anthropos, 1975.

DIOP, Cheikh Anta. Origem dos antigos egípcios. In: MOKHTAR, G. (coord. do volume). **História Geral da África II. A África antiga.** São Paulo: Ática; Paris: Unesco, 1983.

MAUCLER, Christian e MONIOT, Henri. **As civilizações da África.** Ed. Lello & Irmão, 1990.

MAESTRI, Mário. **História da África negra pré-colonial.** Porto Alegre: Mercado Aberto, 1988.

M'BOKOLO, Elikia. **Afrique noire: histoire et civilisations. Tome II.** Paris: Hatier-AUPELF, 1992.

OLIVER, Roland. **A experiência africana:** da pré-história aos dias atuais. Rio de Janeiro: Jorge Zahar Ed., 1994.

OLIVER, Roland e ATMORE Anthony. **L'Afrique depuis 1800.** Paris: Presses Universitaires de France, 1970.

VANSINA, Jan. **Les anciens royaumes de la savane.** Leopoldville: Université Lovanium, 1965.

Capítulo 3. A resistência negra no regime escravista

BOULOS JUNIOR, Alfredo. **20 de novembro, Dia Nacional da Consciência Negra. Injustiça e discriminação: até quando?** São Paulo: FTD, 1997.

CARDOSO, Marcos Antônio e SIQUEIRA, Maria de Lourdes. **Zumbi dos Palmares.** Belo Horizonte: Mazza Edições, 1995.

COLEÇÕES Caros Amigos – Rebeldes Brasileiros – Homens e mulheres que desafiaram o poder. Henrique Dias e Antônio Conselheiro. São Paulo: Casa Amarela, n. 2, p. 34-47, s/d.

LOPES, Nei. **Bantos, Malês e identidade negra.** Rio de Janeiro: Forense Universitária, 1988.

MACHADO, Maria Helena. **O plano e o pânico.** Rio de Janeiro: Ed. UFRJ/Edusp, 1994.

MALÊS, a revolução. Projeto de Extensão Pedagógica, **Caderno de Educação do Ilê Aiyê**, Salvador, Associação Cultural Bloco Carnavalesco Ilê Aiyê, vol. X, p. 27, 2002.

MOURA, Clóvis. **Brasil: as raízes do protesto negro**. São Paulo: Global, 1983.

RATTS, Alecsandro. Re(conhecer) quilombos no território brasileiro: estudos e mobilizações. In.: FONSECA, Maria Nazareth Soares (Org.). **Brasil afro-brasileiro**. Belo Horizonte: Autêntica, 2000.

REIS, João José. **Rebelião escrava no Brasil:** a história do levante do malês em 1835. São Paulo: Companhia das Letras, 2003.

SANTOS, Joel Rufino dos. **Zumbi.** São Paulo: Moderna. 1985.

_____. (Org.). Negro brasileiro negro, **Revista do Patrimônio histórico e artístico nacional**. Brasília, MINC, n. 25, 1997.

< 223 ··

Capítulo 4: A resistência negra: das revoltas ao movimento negro contemporâneo

BARBOSA, Márcio (Org.). **Frente Negra Brasileira-Depoimentos**. São Paulo: Quilombo,1998.

BARBOZA, Marília Trindade. **João Cândido, o almirante negro.** Rio de Janeiro: Gryphus: Museu da Imagem e do Som, 1999.

GUIMARÃES, Antônio Sérgio Alfredo. **Racismo e anti-racismo no Brasil**. São Paulo: Editora 34, 1999.

GRANATO, Fernando. **O negro da chibata**. São Paulo: Objetiva, 2000.

MOURA, Clóvis. **Brasil: as raízes do protesto negro**. São Paulo: Global, 1983.

NASCIMENTO, Abdias do. Teatro Experimental do Negro: trajetórias e reflexões, na obra organizada por Joel Rufino dos Santos, Negro brasileiro negro, **Revista do Patrimônio Histórico e Artístico Nacional**, Brasília, n. 25, p. 72 e 73, 1997.

REVISTA EPARREI, Santos, n. 4, ano II, 2003.

RUFINO, Alzira. Avanço das mulheres. Que mulheres? **Revista Eparrei**, Santos, n. 4, ano II, 2003.

Capítulo 5: A produção cultural e artística dos negros no Brasil

AREIAS, Almir. **O que é capoeira**. São Paulo: Brasiliense, 1983.

DAYRELL, Juarez. **Múltiplos olhares sobre educação e cultura.** Belo Horizonte: Editora da UFMG, 2001.

_____. **A música entra em cena: o *rap* e o *funk* na socialização da juventude em Belo Horizonte.** Tese (Doutorado em Educação). Faculdade de Educação da Universidade de São Paulo, São Paulo, 2001.

PRANDI, Reginaldo. As religiões negras no Brasil: para uma sociologia dos cultos afro--brasileiros. **Revista USP**, São Paulo, n. 28, dez./fev., 1996.

SILVA, Maria Aparecida (Cidinha) da. Projetos Rappers: uma iniciativa pioneira e vitoriosa de interlocução entre uma Organização de Mulheres Negras e a Juventude no Brasil. In: ANDRADE, Elaine Nunes de (Org.). ***Rap* e educação; *rap* é educação.** São Paulo: Selo Negro, 1999.

SILVA, Vagner Gonçalves da. **Candomblé e umbanda:** caminhos da devoção brasileira. São Paulo: Ática, 1994.

SOARES, Carlos Eugênio Líbano. **A negregada instituição:** os capoeiras na corte imperial 1850-1890. Rio de Janeiro: Access, 1999.

TAVARES, Júlio. Educação, através do corpo: a representação do corpo nas populações afro--ameríndias. In: **Negro de corpo e alma**. Mostra do Redescobrimento. São Paulo: Fundação Bienal, 2000.

Capítulo 6: Racismo, discriminação racial e ações afirmativas na sociedade atual

BENTES, Raimunda Nilma de Melo. **Negritando**. Belém: Graphitte, 1993.

BENTO, Maria Aparecida Silva. **Cidadania em preto e branco –** discutindo as relações raciais. São Paulo: Ática, 1998.

BERND, Zilá. **Racismo e anti-racismo**. São Paulo: Moderna, 1997.

BOBBIO, Norberto. **Dicionário de política**. Brasília: Editora da UnB, 1992.

BORGES, Edson, MEDEIROS, Carlos Alberto e d'ADESKY, Jacques (Orgs.). **Racismo, preconceito e intolerância.** São Paulo: Atual, 2002.

CASHMORE, Ellis. **Dicionário de relações étnicas e raciais**. São Paulo: Selo Negro, 2000.

DUARTE, Rebeca Oliveira. **Manual sobre discriminação racial:** a perspectiva dos direitos humanos. Recife: Djumbay, 2003.

Capítulo 7: Homens e mulheres negras: notas de vida e de sucesso

www.portalafro.com.br